AF898302

RFID
标签所有权安全转换

甘勇 贺蕾 著

人民邮电出版社
北京

图书在版编目（CIP）数据

RFID标签所有权安全转换 / 甘勇，贺蕾著. -- 北京：人民邮电出版社，2018.11
ISBN 978-7-115-48283-9

Ⅰ. ①R… Ⅱ. ①甘… ②贺… Ⅲ. ①无线电信号－射频－信号识别－应用 Ⅳ. ①TN911.23

中国版本图书馆CIP数据核字(2018)第209139号

内 容 提 要

本书在介绍RFID技术及其面临的安全挑战的基础上，介绍了RFID系统安全协议所涉及的信息安全基本理论；对RFID系统中的认证、密钥协商和所有权转换的概念、模型和协议进行了阐述，设计了RFID所有权安全转换协议并进行了安全性分析；提出了基于动态重载的RFID标签所有权安全转换机制；给出了RFID标签所有权转换系统的设计实例。

本书取材新颖、内容翔实、实用性强，反映了国内外RFID标签所有权安全转换协议的研究现状与发展趋势，适合于对RFID、物联网技术和信息安全感兴趣的相关专业本科生、研究生和从事物联网及安全研究、工程与应用的学者及工程技术人员阅读，也可作为电子信息相关专业本科生、研究生课程教材。

◆ 著　　　　甘　勇　贺　蕾
　责任编辑　代晓丽
　责任印制　彭志环
◆ 人民邮电出版社出版发行　　北京市丰台区成寿寺路11号
　邮编　100164　　电子邮件　315@ptpress.com.cn
　网址　http://www.ptpress.com.cn

◆ 开本：880×1230　1/32
　印张：6　　　　　　2018年11月第1版
　字数：134千字　　　2018年11月北京第1次印刷

定价：68.00元

读者服务热线：(010)81055488　印装质量热线：(010)81055316
反盗版热线：(010)81055315

前言

射频识别（Racio Frequency Identification，RFID）技术是利用无线射频的方式在阅读器和应答器之间进行非接触式的双向数据传输的新技术，以达到目标识别和数据交换的目的。随着 RFID 技术的广泛应用，所有权转换和安全隐私问题也越来越凸显，RFID 标签的安全问题主要包括个人隐私保护、企业商业机密保护以及安全防范等多个方面。RFID 标签有可能在没有感知的情况下被附近的阅读器读取，造成个人信息泄露，尤其是可能暴露用户的位置隐私，导致用户被跟踪，因此 RFID 安全协议研究引起了国内外同行的重视，并在安全协议研究与设计方面取得了一些成果。在国家自然科学基金项目“基于动态重载的 RFID 标签所有权安全转换机制研究”（No. 61340059）和“多所有者 RFID 标签所有权可验证动态安全转换机制研究”（No. 61572445）及河南省重点科技攻关计划项目“RFID 系统安全性研究”的支持和资助下，本书作者及所在项目组对 RFID 标签所有权安全转换协议进行了研究并进行了总结，希望能为从事相关研究与工程的科研工作者提供参考。

本书主要内容包括：第 1 章介绍了 RFID 技术及其面临的安全挑战，以及 RFID 所有权安全转换协议研究背景与意义；第 2 章介绍了 RFID 系统安全协议所涉及的信息安全基本理论，包括密码学基本概念与常用算法、数字签名及常用算法、数字认证和数字证书、安全协议、密钥协商协议等；第 3 章介绍了 RFID 系统中的认证、密钥协商和所有权转换；第 4 章介绍了 RFID 标签所有权转换的概念、模型和协议，设计了 RFID 所有权转换协议并进行了安全性分析；第 5 章介绍了基于动态重载的 RFID 标签所有权转换机制；第 6 章给出了 RFID 标签所有权转换系统的设计实例。

甘勇编写了第 1 章、第 2 章和第 6 章，并对全书进行了统稿，贺蕾编写了第 3～5 章，项目组的硕士研究生李天豹、杨佳佳、许允倩、薛峰、杜超、杨宗琴、王凯、郭胜娜、张云霄参与了项目研究，并为本书的文字校阅、插图绘制等做了大量的工作；本书的编写得到了郑州轻工业学院、郑州工程技术学院和人民邮电出版社的支持和帮助，在此由衷地向他们表示感谢！作者在编写本书的过程中参考了大量国内外相关项目的专业知识和研究成果，在此对原作者和出版单位表示诚挚的谢意！

由于作者水平所限，同时 RFID 所有权安全转换协议的研究仍在快速发展和完善中，因此书中难免存在缺点甚至错误之处，敬请广大读者批评指正。

作　者

2017 年 12 月

目录

第4章 RFID 标签所有权转换

第5章 基于动态重载的RFID标签所有权转换

第6章 RFID标签所有权转换系统的设计与实现

第 1 章

RFID 技术及其面临的安全挑战

本章简要介绍 RFID（Radio Frequency Identification，无线射频识别）技术及基本工作原理，包括 RFID 电子标签及种类、相关标准、RFID 应用面临的安全问题与挑战、RFID 安全协议研究的意义等内容。

1.1 RFID 技术及其基本工作原理

1.1.1 RFID 技术与发展

RFID 是一种通过无线射频信号识别特定目标并读写相关数据的无线通信技术，它可自动识别、收集、处理、转换实体的相关信息。RFID 技术源于军事方面的应用，目前 RFID 技术作为物联网的核心技术之一发展迅速，已在物流、医药、零售业、制造业、航空业、石化、银行、公共交通、校园卡、产品追踪与溯源等领域广泛应用，甚至私人物品的运输都可用电子标签进行监管。作为物联网技术应用的排头兵，RFID 不仅被广泛应用于各行各业，而且将变革现有的商业模式，使各行业更大限度地把人力物力投入到创新发展以及尽可能提供更好的服务上来。例如在供应链管理等物流领域，RFID 的应用将成为重头戏。在物流供应链环境下，RFID 技术可以有效跟踪，收集产品相关信息，提高产品流通中的管理效率，降低管理成本。

目前 RFID 技术和市场正日趋成熟[1-2]，美国及欧盟等多国把 RFID 作为重点产业投入巨资积极推动。中国也在高度关注和重视物联网技术，自 2010 年物联网发展被正式列入国家发展战略以来，我国 RFID 及物联网产业迎来了难得的发展机遇。2011 年 4 月，工业和信息化部（以下简称“工信部”）、财政部设立物联网专项资金，推动产业快速发展。2011 年中国 RFID 产业的市场规模达到了 179.7 亿元，比 2010 年增长了 47.94%。2011 年中国 RFID 产业链各环节如射频芯片、标签封装产品与设备、软件/中间件、系统集成都呈现出高速增长的势头。2012 年 2 月，工信部正式发布《物联网“十二五”发展规划》，指明产业未来发展道路，在政府大力推动物联网产业发展的背景下，国家的一系列促进政策成为中国 RFID 产业发展的强大动力来源，2012 年我国 RFID 市场规模达 236.6 亿，位居世界第三。2013 年我国 RFID 市场规模达 318.4 亿。从 2015 年开始，中国 RFID 行业将再一次进入快速扩张的阶段，预计市场增长速度将从当前的 25%左右提升到 30%以上，2015 年中国 RFID 行业市场规模达 373 亿，预计 2017 年将高达 621 亿。从 2013—2017 年，中国 RFID 行业市场规模将增长约 2.4 倍，年均增长率约为 27.88%。

我国 RFID 行业在过去的几年间经历过了一段高速的成长期，目前 RFID 已经在国内的身份识别、交通管理、军事与安全、资产管理、防盗与防伪、金融、物流、工业控制等领域的应用中取得了突破性的进展，并在部分领域开始进入规模应用阶段。随着 RFID 技术的进一步成熟和成本的进一步降低，必将广泛应用到各行各业之中。

1.1.2 RFID 标签的基本工作原理

RFID 标签又称为射频标签、应答器、数据载体，阅读器又称为读出装置、扫描器、读头、通信器、读写器（取决于电子标签是否可以无线改写数据）。RFID 技术的基本工作原理如下：标签进入磁场后，接收读写器发出的射频信号，凭借感应电流所获得的能量发送出存储在芯片中的产品信息（Passive Tag，无源标签或被动标签），或者主动发送某一频率的信号（Active Tag，有源标签或主动标签）；读写器读取信息并解码后，送至管理信息系统进行有关数据处理。

RFID 系统由两部分组成：读/写单元和电子标签。读/写器通过天线发出电磁脉冲，电子标签接收这些脉冲，并发送已存储的信息到阅读器作为响应。实际上，这就是对存储器的数据进行非接触读、写或删除处理。电子标签包含了 RFID 射频处理电路和一个超薄天线环路，天线与一个塑料薄片一起嵌入标签内，最常见的标签一般为信用卡大小，也可以根据不同的应用需求设计不同形状、不同大小的标签。

与条形码或磁条等其他 ID 技术相比较而言，RFID 技术的优势在于阅读器和收发器之间的无线连接：读/写单元不需要与收发器之间的可视接触，因此可以完全集成到产品里面。RFID 标签适合于恶劣的环境，收发器对潮湿、肮脏和机械影响不敏感，具有非常高的读可靠性和快速数据获取的能力。电子标签与读/写器之间通过耦合元件实现射频信号的空间（无接触）耦合；在耦合通道内，根据时序关系，实现能量的传递和数据交换。电子标签处于开放待访问状态，当进入读写器的电磁场信号覆盖范围中时，接收读写器发出的射频信号（查询请求），根据电感耦合（Inductive Coupling）原理或电磁反向散射耦合标签收到读写器功率相匹配的电磁信号后产生感应能量并解析接收到的信号，标签内部处理器（微电子芯片）利用内部产生的电流返回特定的响应信息与读写器进行数据交换。读写器接收标签响应信息并解码，送至后端数据库服务器进行标签身份认证识别和有关数据处理。射频信号的耦合类型分为两类：电感耦合和电磁反向散射耦合。

1. 电感耦合

根据法拉第电磁感应定律产生感应电动势，通过空间高频交变磁场实现互感耦合，也称磁耦合。其中一个重要的、广泛的应用就是变压器。一般适用低、高频工作的近距离 RFID 系统。工作频率主要有 125 kHz、225 kHz 和 13.56 MHz。识别距离小于 1 m，典型作用距离为 10 ~ 20 cm。电感耦合原理示意如图 1-1 所示。

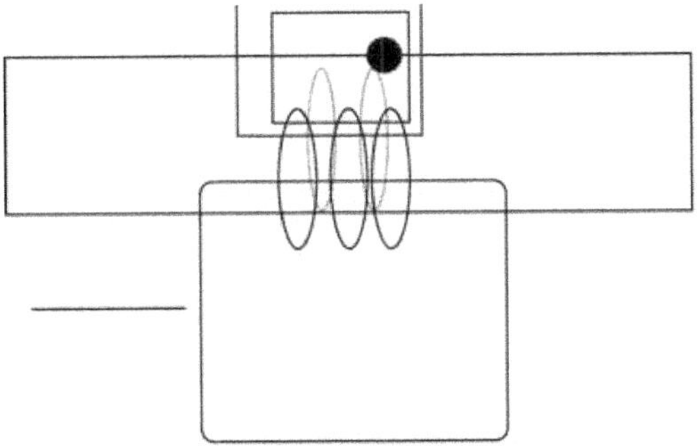

图 1-1　电感耦合原理示意

2. 电磁反向散射耦合

这种类型是雷达原理模型，依据电磁波的空间传播规律，发射出的电磁波反射同时携带回碰到的目标信息。一般适用于超高频、微波工作的远距离 RFID 系统。工作频率主要有 433 MHz、915 MHz、2.45 GHz 和 5.8 GHz。识别距离大于 1 m，典型作用距离为 3 ~ 10 m。电磁反向散耦合原理示意如图 1-2 所示。

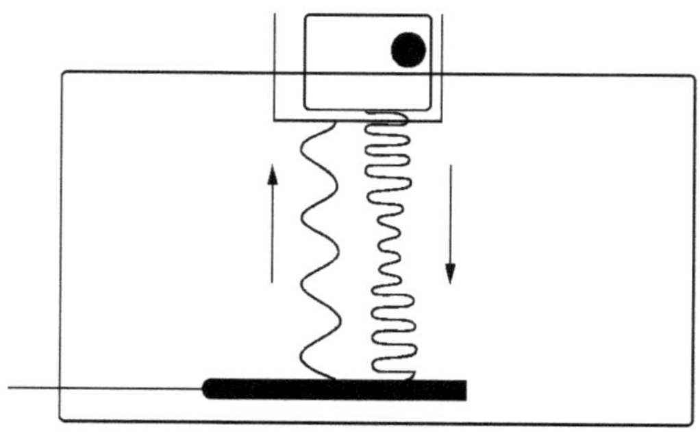

图 1-2　电磁反向散射耦合原理示意

1.1.3　RFID 标签及分类

RFID 标签由耦合元件及芯片组成，每个 RFID 标签具有唯一的电子编码，附着在物体上标识目标对象，又称为电子标签或智能标签。

1. 按标签供电方式

（1）无源标签

无源标签没有内置供电电源，其内部集成电路（电磁元件）驱动能量来源于通过接收读写器发射的电磁波（信号）转换的感应电流。

当标签所处电磁场的射频信号足够强时，可以向读写器发出存储在芯片中的数据信息，通常包含标签身份信息、识别目标或所有者的相关数据。由于无独立供电电源，因此标签的工作距离受到限制，一般无源标签的有效工作距离为 0.1 ~ 7 m。但同时无源标签有成本低、体积小、轻便、使用时间长等优点，因此成为目前市场应用最广泛的电子标签。

（2）有源标签

有源标签自身有内部电源供应内部集成电路工作及产生射频信号。同时内部配置有独立存储元件，有持续的能量供应，但寿命有限，因此拥有较大的工作距离和较大存储容量，运算能力也更强大，可以主动向读写器发送特定频率包含交互信息的信号。正是这些优点也造成了标签造价昂贵，应用范围受限。

（3）半有源标签

与有源标签类似，半有源标签（Semi-Passive Tag）内置一个小型电池供电装置，用来驱动标签内部的集成电路保持工作状态。因此天线不再完成电磁波转换感应电流的工作，只负责向读写器回传信号。半有源标签比无源标签反应速度快、效率高，同时有更远的读写距离。

2. 按标签存取方式

（1）只读（RO）和一次写入多次读出（WORM）

此类标签的存储器为只读存储器（ROM）、随机存取存储器（RAM）和缓存。

（2）读写（RW）标签

此类标签除 ROM 和 RAM 外，还有非活动可编程记忆存储器，可以在特定条件下允许多次写入数据。

3. 按标签工作频率

RFID 系统的工作频率是指读写器与标签间发送和接收信号的

频率范围，作为 RFID 系统重要的特点之一，它与有效工作距离有密切的关系。工作频率决定着系统的耦合方式、识别距离、电子标签及读写器设计实现的难易程度等各方面特性。

（1）低频

低频标签的工作频率范围为 30 kHz ~ 300 kHz。典型工作频率为 125 kHz 和 133 kHz。低频标签一般为无源标签，其工作能量通过电感耦合方式从读写器耦合线圈的辐射近场中获得。低频标签的阅读距离一般情况下小于 1 m，具有省电、廉价的特点，适合数据量要求较少的识别应用。其缺点是标签存储数据量较少，只能适合低速、近距离识别应用。低频标签的典型应用有动物识别、容器识别和工具识别等。

（2）中高频

中高频段标签的工作频率一般为 3 MHz ~ 30 MHz。典型工作频率为 13.56 MHz。该频段的电子标签采用电感耦合方式工作。高频标签一般也采用无源方式，其工作能量同低频标签一样，从读写器耦合线圈的辐射近场中获得。标签与读写器进行数据交换时，标签必须位于读写器天线辐射的近场区内。中频标签的阅读距离一般情况下也小于 1 m（最大读取距离为 1.5 m）。典型应用包括电子车票、电子身份证和电子闭锁防盗等。

（3）超高频与微波

超高频与微波频段的电子标签，简称为微波电子标签，其典型工作频率为 433.92 MHz、862 MHz ~ 928 MHz、2.45 GHz 和 5.8 GHz。标签与读写器之间的耦合方式为电磁耦合方式。阅读距离一般大于 1 m，典型情况为 4 ~ 7 m，最大可达 10 m 以上。由于阅读距离的增加，应用中有可能在通信区域中同时出现多个电子标签，从而提出了多标签同时读取的需求。微波电子标签的数据存储容量一般限定在 2 000 bit 以内。典型应用包括移动车辆识别、电子身份证和仓储物流应用等。

1.1.4　RFID 相关标准

RFID 系统主要由数据采集和后台应用系统两大部分组成，标准大致分为 4 类：技术标准、数据内容标准、一致性标准和应用标准。现阶段已发布或正在制定的标准主要是与数据采集相关的，主要有电子标签与读写器之间的空间接口、读写器与计算机的数据交换协议、标签与读写器的性能和一致性测试规范、标签的数据内容编码标准等。其中包括了标识编码规范、协议及应用接口规范等多方面，正式完善的国际、国内标准都还未完全形成。存在多种标准并存的现状，标签的数据内容编码标准是争夺的核心。后台应用系统只有少数产业联盟制定了一些规范，现阶段还在不断变化中。

RFID 的标准化是关系到 RFID 技术发展的重要因素，世界各国及相关组织都在积极推进 RFID 标准的制定。为了规范系统各部分的开发设计和量产，解决系统之间的互联和兼容问题，RFID 技术必须尽快形成相关的、统一的全球化标准规范。

现阶段主要的技术标准有欧美一些国家的 EPC、日本的 UID 和 ISO 18000 系列标准。最具权威的标准组织主要有以下几个。

（1）ISO

ISO（International Organization for Standardization，国际标准组

织）作为全球公认的非营利工业标准组织，ISO/IEC 在各个频段都颁布了 RFID 标准。ISO/IEC JTC1/SC31 制定的标准有不同频率下通信接口的参数标准 ISO/IEC18000 系列标准。识别卡与身份识别分技术委员会 ISO/IEC JTC1/SC17 制定的标准主要是 ISO/IEC14443 系列，我国的居民二代身份证即采用该标准。

（2）EPC

EPC 是由全球产品电子代码管理中心（EPC Global）组织、各应用方协调一致的编码标准，可用全球统一识别系统编码技术实现对所有实体对象（商品、集装箱等）的唯一有效标识。它专注于 860 MHz ~ 960 MHz 频段，还负责 EPC Global 号码注册管理。在 EPC 标签信息规范 1.1 中采用 64 ~ 96 bit 的电子产品编码，2.0 规范中则扩大为 96 ~ 256 bit。

EPC 由一个版本号加上域名管理者、对象分类、序列号 3 段数据组成的一组数字。其中 EPC 的版本号标识 EPC 的长度或类型；域名管理者是描述与此 EPC 相关生产企业的信息；对象分类记录产品精确类型的信息；序列号用于唯一标识货品单件。

EPC 与目前应用最成功的商业标准 EAN.UCC 全球统一标识系统兼容，成为 EAN.UCC 系统的一个重要组成部分，是 EAN.UCC 系统的延续和拓展，也是 EPC 系统的核心与关键。

（3）UID

UID（Ubiquitous ID Center，泛在识别中心）负责日本 RFID 标准的研究和推广。日本的电子标签采用的频段为 2.45 GHz 和 13.56 MHz。UID 的核心是物理对象唯一的识别号（Ucode）。电子标签的信息位数 128 bit，提供 340 × 1 036 编码空间，更可以用 128 bit 为单元进一步扩展至 256 bit、384 bit 或 512 bit。Ucode 可以兼容多种编码，包括 JAN、UPC、ISBN、IPv6 地址等。

（4）AIM

自动识别与数据采集组织（Automatic Identification and Data Collection，AIDC）制定通行全球的条形码标准，为了推出 RFID 标准，该组织于 1999 年成立了 AIM（Automatic Identification Manufacturers，自动识别技术）组织。

（5）GB 18937

国务院标准化行政主管部门于 2003 年 2 月 2 日颁布，2003 年 4 月 16 日正式实施了强制性国家标准 GB 18937《全国产品与服务统一标识代码编制规则》。规定了全国产品与服务统一代码（NPC）的适用范围、代码结构及其表现形式。根据国内外对海量赋码对象进行赋码的一般规律，NPC 按照全数字、最长不超过 14 位、便于维护机构维护和管理的原则设计，由 13 位数字本体代码和一位数字校验码组成，其中本体代码采用序列顺序码或顺序码。

NPC 是按照《全国产品与服务统一标识代码编制规则》国家标准要求编制的全国产品与服务统一标识代码，目前已经用于电子设备、药品、食品、建材、石油化工、农业、汽车、专业服务等领域。ISO 和 EPC Global 的主要 RFID 标准见表 1-1 所列。

ISO 14443 和 ISO 15693 是目前现阶段国内最常用的 RFID 标准，都是基于非接触智能卡应用的 ISO 标准。国内公民二代电子身份证采用的就是 ISO 14443 TYPE B 协议标准。现阶段我国基于国际业内共享的技术标准 ISO 18000 正在进行国际标准的本土化，如依据 ISO/IEC 15693 系列标准完成了国家标准的起草，基于 ISO/IEC

18000 制定国内标准的工作也已列入计划中。

表 1-1　　ISO 和 EPC Global 的主要 RFID 标准

频谱	LF 125/134.2 kHz	HF 13.56 MHz +/−7 kHz	HF 433 MHz	UHF 860 MHz～ 960 MHz	UHF 2.45 GHz/ 5.8 GHz
ISO	ISO 11784 ISO/ IEC 18000-2A ISO/ IEC 18000-2B	ISO/IEC14443 ISO/IEC15693 ISO 18000-3	ISO 18000-7	ISO/IEC18000-6A ISO/IEC18000-6B ISO/ IEC18000-6C	ISO 18000-4 ISO 18000-5 ISO/ IEC 24730-2
EPC Global				Class 0 Class 1 Class 1 Gen 2	

1.2 RFID 面临的安全问题与挑战

RFID 技术的高速发展为物流领域的电子交易带来便利的同时，也带来了新的安全和隐私问题。由于标签自身的设计限制，目前 RFID 系统还不够强壮，无线通信和 RFID 本身固有的缺陷，使标签所有者的隐私安全受到威胁，系统在安全性和隐私性方面的问题成为制约 RFID 技术进一步发展及应用的严重障碍。

而且，RFID 标签受成本的限制，通常具有非常有限的计算资源，如电力供应、存储空间、计算能力等。因此，标签通常不能执行对称密钥密码算法和非对称密钥密码算法，仅能执行计算量较小的计算，如异或运算、Hash 运算等。标签计算资源的有限性向保护标签—读写器—后端数据库之间的安全通信提出了新的挑战。RFID 系统面临的安全威胁主要包括以下几个方面。

1.2.1　系统的设计脆弱性

电子标签（Electric Tag）由耦合元件及芯片构成，每个标签存储唯一的电子编码，通常为 64 bit、96 bit 或更高，唯一标识号是它所携带数据中最重要的内容。标签内部存储特定信息，其存储空间大于条形码能提供的数据量。与其他元件相比较而言，标签作为 RFID 系统的一种只读或可读写的数据载体，对于更多的应用在进行设计生产时追求的是标签的灵便性，标签的成本与体积成为标签设计时需要考虑的非常重要的因素，因此在安全防护设计方面存在脆弱性。

在高端 RFID 标签中，使用具有防篡改功能的芯片存储密钥等敏感数据。这种芯片在其封装被破坏或检测到外界环境参数改变时会立即自动擦除敏感信息，使攻击者不能读写该标签数据，但这样的标签成本较高，这对低成本标签来说不现实，因此低成本 RFID 标签通常不具备抵抗物理攻击的能力。在这种情况下，敌手可以对其实施物理攻击并获得其内部数据。

RFID 系统安全研究的重点是针对标签与读写器间建立的无线信道连接在开放环境下进行电磁信号交互，这是整个 RFID 系统中安全性最薄弱的环节，也是最易受到攻击的部分。

标签与读写器之间的数据交互是双方通过读写器发出的电磁波相互接收并响应进行的，针对无线电磁信号的攻击手段便会在这类开放性环境中起到作用，例如通过物理方法对无线信道电磁信号中的数据进行拦截、篡改以及窃取等攻击。此外，在开放环境中，对标签信息隐私的保护和对合法读写器之间的认证也是至关重要的问题。

1.2.2 攻击手段

一个标准的 RFID 系统由 3 个实体节点（图 1-3 中节点①、节点③和节点⑤）和两条通信链路（图 1-3 中链路②和链路④）组成。一般情况下，后端数据库服务器和读写器之间具有安全的有线通信信道，而且两者都拥有足够的存储和计算能力，在此种应用场景下，信息安全中的密码学算法和网络安全协议足以保护它们之间的通信安全。

而 RFID 标签一般发行量大且成本较低，同时要考虑标签的灵便性，因此标签的安全性相对较弱。在商品流通环节中，一方面，攻击者可能会通过实施物理攻击窃取标签内部存储信息，商品本身及附属信息的安全隐私可能会受到各种安全威胁和攻击；另一方面，电子标签与读写器之间的无线通信链路安全问题是 RFID 系统的首要问题，也是本书研究的重点。

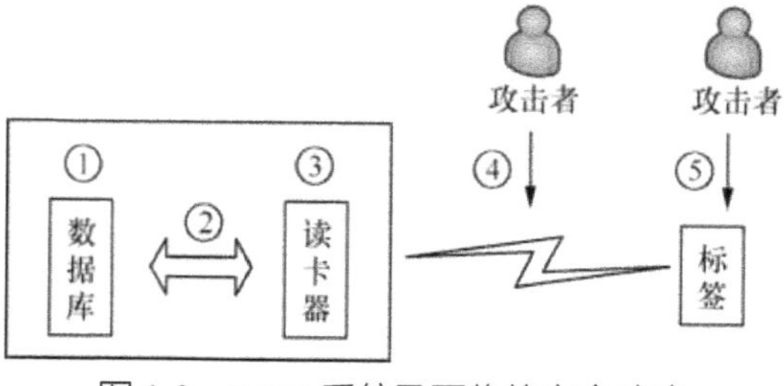

图 1-3　RFID 系统及面临的安全威胁

标签与读写器之间是无线信道通信，开放的无线链路环境是通信过程中安全威胁的主要来源，针对无线信道的攻击手段都会对标签与读写器间的安全通信产生威胁。标签与读写器之间传送的数据信息可能被窃听、拦截和篡改，敌手伪装合法标签或读写器进行主动欺骗，或者通过 DoS 攻击使标签不可用。

同时标签与读写器间不安全的数据通信还会对标签所有者的隐私产生威胁。隐私问题是限制 RFID 技术应用的重要因素之一。当标签进入读写器的有效工作范围时，标签对读写器的响应是在标签所有者未知晓的情况下自动进行的。RFID 标签的响应信息中可能包含识别物的身份或其他信息，例如物品信息、个人身份、药品名称等信息，某些敏感数据可能导致个人相关的身份信息、经济状况等被攻击者非法获取。若没有适当的防护机制，攻击者通过未经授权的读写器对标签进行查询，或标签对授权读写器的响应，都会威胁到标签所有者的隐私。攻击者甚至可以利用这些信息在特定条件下跟踪标签携带者的物理位置。

例如，美国 2006 年 8 月在入境护照上配备了 RFID 标签，和传统的护照相比，电子护照在封底的芯片当中存储有与护照页中一样的电子信息，包含了护照持有人的相关信息。有些国家发行的 RFID 电子护照中则含有持照人的生物信息，例如相片、指纹和虹膜信息等。在这种情况下，若没有有效安全的防护机制，标签信息的泄露会严重危及个人隐私。

另外，RFID 系统的安全隐私问题还可能导致商业机密的泄露。例如，在物流领域，商品从生产到售出的各个流通环节均大规模使用电子标签，竞争对手可能收集到该企业供应链中电子标签的数据，以非法途径获得有价值的商业信息。

敌手在标签与读写器之间的无线通信信道上可能采取的攻击手段有破坏攻击（Zapping Attack）和干扰攻击（Jamming Attack）等。破坏性攻击是攻击者在物理上对标签实施攻击，造成标签与读写器不能进行交互，例如破坏天线，使天线不能接收信号，或接收到的信号强度不能提供给标签足够的能量进行通信，或使标签读写距离减小。一种高级的远程攻击方法可以在不接触标签的情况下使用电磁脉冲（EMP）破坏标签接收电路，使标签不可用。干扰攻击通过干扰标签与读写器的交互破坏 RFID 系统的可用性。

与利用物理特性对标签进行攻击相比，敌手从应用协议层实施的攻击所造成的后果更为严重，攻击手段主要是破坏双方的认证、数据完整性和系统可用性等。此类攻击手段是关注的重点，主要包括以下几个方面。

（1）信息窃听（Eavesdropping）

标签与读写器之间通过射频信号进行通信交互，窃听在无线信道中是最常被实施的被动攻击手段，攻击者可以通过此手段窃取机密，威胁系统的安全保密性。

在 RFID 系统中，标签与读写器的工作频率决定通信距离。实际中由于读写器和标签供能及功耗的不对称性，因此读写器到标签（Reader-to-Tag）和标签到读写器（Tag-to-Reader）实际通信距离不相等。与标准网络通信不同，射频信号在空间中传播，敌手所处位置不局限于标签与读写器之间。可能的窃听范围分 4 类，按范围距离递增顺序依次以下 4 种。

① 工作范围（Operation Range）：用于描述一个正常功耗下的读写器进行可靠的标签读写的工作范围。

② 恶意扫描（Malicious Scanning Range）：敌手利用大功率输出和更多天线部件的读写器以增加实际读写距离。当大部分低成本标签接收到更强的输入信号时，反射信号也将增强，这使得敌手以较低的代价扩大了窃听范围。恶意扫描范围是非法读写器可以向无源标签供能并完成读写的最大距离。

③ 反向信道窃听（Backward Channel Eavesdropping Range）：标签—读写器信道为反向信道。由于标签反射信号强度较弱，攻击者实施反向信道窃听较为困难，若想窃听标签对合法读写器的响应，则位置需要距标签较近。但由于标签所需能量已由合法读写器提供，攻击者用非法读写器窃听时不需要发射任何信号。

④ 前向信道窃听（Forward Channel Eavesdropping Range）：读写器—标签信道为前向信道。由于读写器发出的信号强度远大于标签，因此前向信道的距离远大于两者之间的工作距离，读写器广播的信号能被远距离窃听者接收。敌手可以在前向信道上窃听读写器发送的查询请求或密钥更新消息等通信内容。

被动窃听无须发射信号，因此无线信道上的窃听不容易检测到。若敏感数据在无线信道传输，则数据的安全性存在严重威胁。例如，攻击者可以通过在读写器上附加接收天线，对接收到的射频信号进行处理，最终得到信用卡以及持有人相关信息，甚至包括卡片运行的软件版本和支持的通信协议。

（2）重传攻击（Replay Attacks）

攻击者在无线信道窃取信息后，可以利用标签与读写器过期会话的交互消息，在新的会话中伪装合法标签或读写器企图通过认证。在攻击者一方，以合法标签不在读写器的读写范围内时作为重放时机，否则敌手需要阻塞合法参与方的响应消息，而后实施重传攻击。重传攻击通常以两种方式进行：一是伪装合法读写器发起主动查询请求，标签响应后重放过期会话中的读写器—标签记录消息；二是伪装合法标签，当收到查询请求时，重传标签—读写器响应消息。在基于挑战—响应机制的协议中，重传攻击依然可能存在。

（3）假冒攻击（Impersonation Attacks）

标签与读写器之间的认证识别通过无线信道进行，攻击者可以进行假冒攻击。假冒攻击存在两种形式。

① 假冒合法标签欺骗读写器：当攻击者在无线信道中窃听到标签身份的相关信息后，可利用这些信息，与读写器再次进行确认，欺骗读写器，实施假冒攻击。通常假设攻击者在不拥有标签内部状态和密钥的状况下实施这种攻击，例如，在门禁系统中，非法用户可通过此类途径非法入侵。

② 假冒合法读写器欺骗标签：目标是获取标签内部秘密或身份信息等敏感数据。

（4）消息篡改（Tampering）

攻击者可以在开放的无线信道拦截标签与读写器间的消息，对截获信息进行篡改后再发送给原接收者，其目的可能是破坏标签与读写器之间认证，使通信双方不能正确识别，或是企图欺骗原接收方相信篡改后的消息，达到攻击者非法通过认证的目的。

（5）非法查询标签信息（Tag Information Inventory）

因为 RFID 标签存在自动响应的特性，因此对标签的非法查询是最易实施的攻击，攻击者利用非法读写器在标签的工作范围内对标签发起主动查询请求，获得标签的响应。通过数据分析处理，破译出响应消息中标签所有者的信息及隐私。随着 RFID 技术在日常生活中的应用越来越普遍，个人隐私也受到越发严重威胁。

（6）标签位置跟踪（Tag Tracking）

标签一般附于目标物体，敌手可能会根据标签的响应跟踪标签所有者位置。敌手利用未授权读写器接收某一标签的查询响应，并与其他标签的响应信息加以区别，由于标签的响应消息固定不变，攻击者通过不断收取该标签的响应消息来跟踪标签所有者的位置。即便通信双方采用加密算法对消息进行匿名保护，攻击者仍可用密文值进行跟踪。因此标签位置跟踪严重威胁到系统安全性，若在军事物流中敌手通过跟踪标签获得军事动向，则后果更为严重。

（7）标签失效（Tag Killing）

该攻击利用应用层协议的缺陷使标签某类资源被耗尽而失效[3]。由于低成本标签储存和计算处理能力极其有限，敌手利用协议漏洞，使标签有限的资源耗尽而不能工作。

例如，标签在认证未完成时占用空间存储临时随机数，若协议存在缺陷，敌手持续向标签发起请求并阻塞消息，使协议步骤停顿，标签则会连续分配存储空间存放数据，很快标签的存储会被耗尽，而停止工作。

异步攻击和标签失效都属于 DoS 攻击。在计算机网络中，DoS 会破坏系统可用性，导致网络或服务不可用。在 RFID 系统中，标签遭受 DoS 攻击可能给所有者带来直接利益损失。例如，对物品的电子标签实施 DoS 攻击后将物品带出装有读写器的出口，由于标签和后端数据库失去同步不再被识别，因此，攻击者可以将目标物品带出，而无法检测到。

（8）中间人攻击

中间人攻击也是一种常见的网络攻击，在 RFID 系统中，是指攻击者拦截了标签和读写器之间的网络通信数据，并进行数据分析和篡改，而标签和读写器却没有发现。在 RFID 系统中，通常中间人攻击的目的是获取标签和读写器的共享密钥，或者假冒标签或读写器的身份与对方进行通信。

（9）去同步化攻击

去同步化攻击是无线通信系统中特有的攻击方式。由于无线通信系统很难像有线通信那样，提供可靠数据传输，因此，当后端数据库和标签需要更新密钥时，攻击者通过干扰标签和读写器之间的通信，使分别存储于标签和后端数据库中的密钥不同，即标签中存储的密钥已经更新了，而存储在后端数据库中的密钥还没有更新，反之亦然。在遭受去同步化攻击后，标签和后端数据库不能进行成功的相互验证，破坏了系统的可用性。

1.3 RFID 安全协议研究的意义

目前 RFID 系统主要存在隐私和认证两个方面的安全隐患，在隐私方面的目标是防止攻击者对标签进行任何形式的非法跟踪，在认证方面的目标是确保标签只能与合法的读写器进行安全通信[4-5]。

入侵与防御的此消彼长是在安全领域存在的固有特点，因此标签在认证、所有权转换过程中的安全性和隐私性总是相对的。由于电子标签的自身设计问题，传统加密算法及安全策略在标签与读写器的认证授权、所有权转换过程中，不能很好地应用，例如 RSA 和 AES 加密算法是低成本标签自身有限的计算资源和能力所难以承载的。在 RFID 技术产品化的过程中，各国研究人员都致力于发现并修复底层 RFID 芯片、加密算法存在的缺陷，国内外对标签所有权转换尚缺乏关键安全性和隐私性保护的研究。而国内相关产品与技术更多的是由国外引进，安全性上不去、缺乏关键技术的独立自主产权，也成为限制国内物联网发展的关键因素之一。

因此，标签所有权转换领域内的研究成果对改变上述状况、RFID 技术的发展和应用以及提升国内电子标签安全性的自主研发能力具有重要意义。

1.4 本章小结

本章首先对 RFID 系统的基本组成、工作原理和分类标准等进行了介绍，然后分析了由 RFID 系统的设计和工作特性所带来的安全与隐私问题，最后分析了 RFID 安全协议研究的重要意义，使读者对该领域能够有一个大致的了解，有助于理解和掌握后续章节中的内容。

参 考 文 献

[1] 吴欢欢，周建平，许燕，李润萍. RFID 发展及其应用综述[J]. 计算机应用与软件，2013,30(12):203-206.

[2] 俞华，路红艳. 物联网在我国流通领域应用前景分析[J]. 经济

理论与经济管理，2012(08):32-38.

[3] Han D G, Takagi T, Kim H W, et al. New security problem in RFID systems "tag killing" [C]//International Conference on Computational Science and Its Applications. Springer, Berlin, Heidelberg, 2006: 375-384.

[4] OSAKA K, TAKAGI T, YAMAZAKI K, et al. An efficient and secure RFID security method with ownership transfer[J]. RFID security, 2009: 147-176.

[5] FERNANDEZ-MIR A, TRUJILLO-RASUA R, CASTELLA-ROCA J, et al. A scalable RFID authentication protocol supporting ownership transfer and controlled delegation[J]. RFID security and privacy, 2012: 147-162.

第 2 章

信息安全基础

随着现代计算机通信技术的快速发展和互联网的广泛应用，确保信息安全性的问题已经引起了社会的广泛关注。密码学是信息安全相关议题的核心，如认证、访问控制、安全协议等。本章简要介绍 RFID 系统安全研究所涉及的信息安全基本理论，包括密码学基本概念与常用算法、数字签名及常用算法、数字认证和数字证书、安全协议、密钥协商协议等。

2.1 密码学基本概念

密码学[1-3]［Cryptography，源于希腊语 kryptós（隐藏的）和 gráphein（书写）］，是研究如何隐秘地传递信息的学科，即编制密码和破译密码的科学。研究密码变化的客观规律，并应用于编制密码以保守通信秘密的，称为编码学；应用于破译密码以获取通信情报的，称为分析学——总称密码学。著名的密码学者 Ron Rivest 解释："密码学是关于如何在敌人存在的环境中通信"，密码学的首要目的是隐藏信息的含义，并不是隐藏信息的存在。密码学促进了计算机科学的发展，特别是对于计算机与网络安全所使用的技术，如访问控制与信息的机密性等。密码学已广泛应用于日常生活中，如自动柜员机的芯片卡、电脑使用者存取密码、电子商务等。

下面先介绍几个密码学的基本概念。

- 明文：没有进行加密，能够直接代表原文含义的信息。
- 密文：经过加密处理之后，隐藏原文含义的信息。
- 加密：把明文转换成密文的实施过程。

- 解密：把密文转换成明文的实施过程。
- 密钥：是在明文转换为密文或将密文转换为明文的算法中输入的参数，分为加密密钥和解密密钥。
- 密码算法：密码系统采用的加密方法和解密方法，随着基于数学密码技术的发展，加密方法一般称为加密算法，解密方法一般称为解密算法。
- 密码协议（Cryptographic Protocol）：是使用密码技术的通信协议（Communication Protocol）。

密码是通信双方按约定的法则进行信息特殊变换的一种重要保密手段。依照这些法则，变明文为密文，称为加密变换；变密文为明文，称为解密变换。密码在早期仅对文字或数字进行加/解密变换，随着通信技术的发展，对语音、图像、数据等都可实施加/解密变换。

加/解密的具体运作由两部分决定：一部分是算法，另一部分是密钥。密钥是一个用于加/解密算法的秘密参数，通常只有通信者拥有。

数据加密的基本思想是通过变换信息的表示形式来伪装需要保护的敏感信息，使非授权者不能了解被保护信息的内容。网络安全使用密码学来辅助完成在传递敏感信息的相关问题，具有以下特性。

① 机密性（Confidentiality）：仅有发送方和指定的接收方能够理解传输的报文内容。窃听者可以截取到加密的报文，但不能还原出原来的信息，即不能得到报文内容。

② 鉴别（Authentication）：发送方和接收方都应该能证实通

信过程所涉及的另一方，通信的另一方确实具有他们所声称的身份，即能对对方的身份进行鉴别，第三者不能冒充跟你通信的对方。

③ 报文完整性（Message Integrity）：即使发送方和接收方可以互相鉴别对方，但他们还需要确保其通信的内容在传输过程中未被改变。

④ 不可否认性（Non-Repudiation）：如果人们收到通信对方的报文后，还要证实报文确实来自所宣称的发送方，发送方也不能在发送报文以后否认自己发送过报文。

2.2 常用的密码算法

密码算法是加密算法和解密算法的统称，它是密码体制的核心。密码算法可以看成一些交换的组合。经典密码学主要包括两类加/解密方法，置换加密法和替换加密法。置换加密法是把字母的顺序重新排列；替换加密法是把一组字母换成其他字母或符号。经典加密法易受统计分析的攻击，资料越多，破解就越容易。经典密码学现在仍未消失，经常出现在智力游戏之中。在 20 世纪早期，包括转轮机在内的一些机械设备被发明出来用于加密，其中最著名的是用于第二次世界大战的密码机 Enigma。这些机器产生的密码相当大地增加了密码分析的难度。比如针对 Enigma 各种各样的攻击，在付出了相当大的努力后才得以成功。

常用密码算法一般分为对称密码算法和非对称密码算法。对称密码算法中通信双方使用相同的密钥，而非对称密码算法中通信双方的密钥（公钥和私钥）是不同的。常用对称算法主要包括 DES（Data Encryption Standard，数据加密标准）算法、AES（Advanced Encryption Standard，高级加密标准）算法、IDEA（International Data Encryption Algorithmic，国际数据加密算法）、RC4 和 RC5 等，常用非对称算法主要包括 RSA（Rivest Shamir Adelman）算法和 DH（Diffie-Hellman）算法等。

2.2.1　对称加密算法

对称加密算法的特点是算法公开、计算量小、加密速度快、加密效率高。由于通信双方都使用同样的密钥，安全性得不到保证。此外，每对用户每次使用对称加密算法时，都需要使用其他人不知道的唯一密钥，这会使得发/收信双方所拥有的密钥数量成几何级数增长，密钥管理成为用户的负担。对称加密算法在分布式网络系统上使用较为困难，主要是因为密钥管理困难，使用成本较高。下面简要介绍几种典型的对称加密算法。

（1）DES 算法

DES 算法是最著名的采用对称密码体制的算法。DES 算法用于对 64 bit 的数据块进行加密和解密。它的密钥是 64 bit，但其中包含 8 bit 的奇偶校验位，实际密钥长度是 56 bit。DES 算法利用多次组合迭代算法和换位算法，对 64 bit 的数据块进行 16 轮编码。利用分散和错乱的相互作用，把明文编制成保密强度相对较高的密文。DES 算法的加密和解密流程是完全相同的，区别仅是加密与解密使用子密钥序列的顺序正好相反。

（2）IDEA

IDEA 由来学嘉和 James L. Massey 于 1990 年联合提出。明文和密文都是 64 bit，但密钥长为 128 bit。IDEA 是作为迭代的分组密码实现的，使用 128 bit 的密钥和 8 个循环。

（3）AES 算法

AES 算法是美国高级加密标准算法，AES 设计有 3 个密钥长度，分别为 128 bit、192 bit、256 bit。相对而言，AES 的 128 bit 密钥比 DES 的 56 bit 密钥强 1 021 倍。AES 算法主要包括 3 个方面：轮变化、圈数和密钥扩展。

（4）RC 系列算法

RC 系列算法是大名鼎鼎的 RSA 三人组设计的密钥长度可变的流加密算法，包括 RC2、RC4、RC5、RC6 算法。其中最流行的是 RC4 算法，RC 系列算法可以使用 2 048 bit 的密钥，该算法的速度可以达到 DES 加密的 10 倍左右。由于 RC4 算法加密采用的是异或方式，因此一旦子密钥序列出现了重复，密文就有可能被破解，但是目前还没有发现密钥长度达到 128 bit 的 RC4 有重复的可能性。所以，RC4 还是目前最安全的加密算法之一。

2.2.2 非对称加密算法

非对称加密又叫作公开密钥算法（Public Key Algorithm）。这种加密算法是这样设计的：用作加密的密钥不同于用作解密的密钥，而且解密密钥不能根据加密密钥计算出来（至少在合理假定的长时间内）。之所以又叫作公开密钥算法，是由于加密密钥可以公开，即陌生人可以得到它并用来加密信息，但只有用相应的解密密钥才能解密信息。在这种加密算法中，加密密钥称为公开密钥，而解密密钥称为私有密钥。下面简要介绍几种典型的对称加密算法。

（1）RSA 算法

RSA 算法是使用最多的公开密钥算法，能够被应用在加密和数字签名中。大家普遍接受当足够长的密钥被使用后，RSA 算法是足够安全的（512 bit 是不安全的，768 bit 是中等安全的，1 024 bit 足够保障一般的安全传输），RSA 的安全依赖于大整数因数分解的难度，因数分解的快速发展将导致 RSA 算法出现问题。不过，目前 RSA 算法是这个世界上最重要的公开密钥算法。由于进行的都是大数计算，因此 RSA 算法最快的情况也比 DES 算法慢了 100 倍。无论是软件还是硬件实现，速度一直是 RSA 算法的缺陷。

（2）DH 算法

DH 算法是一个被普遍应用在密钥交换的公开密钥算法。当采用了足够长度的密钥和合适的发生因子时，该加密算法很安全，DH 算法依赖于离散对数的困难度（这和大整数分解因数一样，都非常困难）。

2.3 数字签名

在计算机通信中，当接收者收到一个消息时，往往需要验证消息在传输过程中有没有被篡改，有时接收者还需要确认消息发送者的身份，所有这些都可以通过数字签名来实现。数字签名是公钥密码学发展中最重要的概念之一，它可以提供其他方法难以实现的安全性。数字签名可以用来证实消息确实是由发送者签发的，而且当数字签名用于存储数据或程序时，可以用来验证数据或程序的完整性。它和传统手写签名类似，应具有以下特征。

① 不可伪造性：除了签名者外，任何人都不能伪造签名者的合法签名。

② 认证性：接收者相信这份签名来自签名者。

③ 不可重用性：一个消息的签名不能用于其他消息。

④ 不可修改性：一个消息在签名后不能被修改。

⑤ 不可抵赖性：签名者事后不能否认自己的签名。

实现数字签名有很多方法，目前数字签名采用较多的是公钥加密技术，如基于 RSA 数据安全公司的 PKCS（Public Key Cryptography Standards，公开密码学标准）、数字签名算法（Digital Signature Algorithm）、X.509、PGP（Pretty Good Privacy，更好地保护隐私）。1994 年美国标准与技术协会公布了数字签名标准（Digital Signature Standard，DSS）而使公钥加密技术得以广泛应用。数字签名的保密性很大程度上依赖于私有密钥。

数字签名算法通常使用两个密钥，即公开密钥（Public Key）和私有密钥（Private Key），分别用于对数据的加密和解密，即如果用公开密钥对数据进行加密，只有用对应的私有密钥才能进行解密；如果用私有密钥对数据进行加密，则只有用对应的公开密钥才能解密。其签名和验证过程如下。

① 发送方首先用公开的单向函数对报文进行一次变换，得到数字指纹，然后利用私有密钥对数字签名进行加密后附在报文之后

一同发出。

② 接收方用发送方的公开密钥对数字签名进行解密变换，得到一个数字签名的明文。发送方的公钥是由一个可信赖的技术管理机构，即验证机构（Certification Authority，CA）发布的。

③ 接收方将得到的明文通过单向函数进行计算，同样得到一个数字指纹，再将两个数字指纹进行对比，如果相同，则证明签名有效，否则无效。

这种方法使任何拥有发送方公开密钥的人都可以验证数字签名的正确性。发送方私有密钥的保密性，使得接收方既可以根据验证结果来拒收该报文，也能使其无法伪造报文签名及对报文进行修改，原因是数字签名是对整个报文进行的，是一组代表报文特征的定长代码，同一个人对不同的报文将产生不同的数字签名。这就解决了银行通过网络传送一张支票，而接收方可能对支票数额进行改动的问题，也避免了发送方逃避责任的可能性。

2.4 Hash 函数

Hash 函数（散列函数）就是通过散列算法，把任意长度的输入变换成固定长度的输出，该输出就是散列值。散列是一种从任何一种数据中创建小的数字“指纹”的方法。散列函数把消息或数据压缩成摘要，使得数据量变小，将数据的格式固定下来。该函数将数据打乱混合，重新创建一个叫作散列值的指纹。散列值通常是由一个短的随机字母和数字组成的字符串。散列函数的数学表述为

$h = H(M)$，其中，$H(\ )$表示单向散列函数，M 表示任意长度明文，h 表示固定长度散列值。

信息安全领域中应用的散列算法需要满足以下特性。

① 单向性（One-Way）：从预映射，能够简单迅速地得到散列值，而在计算上不可能构造一个预映射，使其散列结果等于某个特定的散列值，即构造相应的 $M=H^{-1}(h)$不可行。密码学上的散列又被称为“消息摘要（Messagedigest）”，就是要求能方便地将“消息”进行“摘要”，但在“摘要”中无法得到比“摘要”本身更多的关于“消息”的信息。

② 抗冲突性（Collision-Resistant）：即在统计上无法产生 2 个散列值相同的预映射。给定 M，计算上无法找到 M'，满足 $H(M)=H(M')$，此为弱抗冲突性；计算上也难以寻找一对任意的 M 和 M'，使满足 $H(M)=H(M')$，此为强抗冲突性。

③ 映射分布均匀性和差分分布均匀性：散列结果中，为 0 的比特和为 1 的比特，其总数应该大致相等；输入中一个比特的变化，散列结果中将有一半以上的比特改变，这又叫作雪崩效应（Avalanche Effect）。其实质是必须使输入中每一个比特的信息尽量均匀地反映到输出的每一个比特上去；输出中的每一个比特，都是输入中尽可能多比特的信息一起作用的结果。

2.5 数字认证与数字证书

数字认证[4-5]是以数字证书为核心的加密技术，可以对网络上传输的信息进行加/解密、数字签名和签名验证，以确保网上传递信息的安全性。数字认证是基于安全标准、协议和密码技术的电子证书，来确立一个人或服务器的身份，它把一对用于信息加密和签名的电子密钥捆绑在一起，保证了这对密钥真正属于指定的个人和机构。数字认证由验证机构进行电子化发布或撤销公钥验证，信息接收方可以从 CA 网站上下载发送方的验证信息。如 Verisign 是第一家 X.509 公开密钥的商业化发布机构，在它的数字 ID 下可以生成、管理应用于其他厂商的数字签名的公开密钥验证。

数字证书是由证书签证机关签发的对用户公钥的认证。证书的内容包括：电子签证机关的信息、公钥用户信息、公钥、权威机构的签字和有效期等。目前，证书的格式和验证方法普遍遵循 X.509 国际标准。

2.6 安全协议

安全协议在这里主要指的是工程安全协议[6-7]，有时也称作密码协议，是以密码学为基础的消息交换协议，其目的是在网络环境中提供各种安全服务。密码学是网络安全的基础，但网络安全不能单纯依靠安全的密码算法。安全协议是网络安全的一个重要组成部分，我们需要通过安全协议进行实体之间的认证，在实体之间安全地分配密钥或其他各种秘密、确认发送和接收的消息的不可否认性等。

安全协议是建立在密码体制基础上的一种交互通信协议，它运用密码算法和协议逻辑来实现认证和密钥分配等目标。密码协议（Cryptographic Protocol）是使用密码学完成某项特定的任务并满足安全需求的协议，又称安全协议（Security Protocol）。在密码协议中，经常使用对称密码、公开密钥密码、单向函数、伪随机数生成器等。现实生活中人们常常遇到机密性、完整性、认证性、匿名性、公平性等安全需求，因此安全协议须具备机密性、完整性、认证性、非否认性、正确性、可验证性、公平性、匿名性、隐私属性、强健性和高效性。

安全协议可用于保障计算机网络信息系统中秘密信息的安全传递与处理，确保网络用户能够安全、方便、透明地使用系统中的密码资源。目前，安全协议在金融系统、商务系统、政务系统、军事系统和社会生活中的应用日益普遍。

2.7 密钥协商协议

信息安全和密码学中的一个核心问题就是保证通信的参与者能在一个有敌手存在的环境中进行秘密可靠的通信。这就需要通过认证和密钥交换协议来实现，该协议使参与者们互相认证对方的身份并且生成一个共享的秘密会话密钥。随后，参与者可以将该会话密钥应用到已有的技术中以实现相互之间的安全通信（例如应用加密算法、签名算法以及消息认证码到所有的通信中）。认证和密钥协商协议是保证电子商务和电子政务安全的基础组成部分和理论保证，已经成为当前信息安全研究的热点问题。

密钥协商是指两个或多个实体协商共同建立会话密钥，任何一个参与者均对结果产生影响。在密钥协商协议中，会话密钥由每个协议参与者分别产生的参数通过一定的计算得出。密钥协商协议的生成方式可分为证书型和无证书型。证书型是指在会话密钥的产生过程中，由一个可信的证书中心给参与密钥协商的各方各分发一个证书，此证书中含有此方的公钥、ID 及其他信息。证书型密钥协商协议的优点是提供认证，目前 PKI（公钥基础设施）广泛部署，比较成熟，应用面广，且由 PKG 管理公私钥对有利于统一管理；但其缺点是计算代价大，需要一个可信的认证中心，同时证书还需要维护。无证书型是指各方在进行会话密钥的协商过程中不需要证书的参与，这是目前密钥协商协议的主流种类，优点是不需要认证中心的参与，减少了计算量，尤其是在低耗环境下应用的更多，同时安全性也不比证书型弱。

2.8 本章小结

本章简要介绍了 RFID 系统安全研究所涉及的信息安全基本理论，包括密码学基本概念与常用算法、数字签名及常用算法、数字认证和数字证书、安全协议、密钥协商协议等。其中，常用加/解密算法可分为对称加密算法和非对称加/解密算法。常用对称算法主要包括 DES、AES、IDEA、RC4 和 RC5。

常用非对称算法主要包括 RSA 和 DH。

常用的数字签名算法主要包括基于非对称加密算法的数字签名。

参 考 文 献

[1] STALLINGS W. 密码编码学原理与实践（第 5 版）[M]. 王张宜，等译. 北京：电子工业出版社，2012.

[2] STINSON D R. 密码学原理与实践（第 3 版）[M]. 冯国登，译. 北京：电子工业出版社，2009.

[3] 杨波. 现代密码学（第 2 版）[M]. 北京：清华大学出版社，2007

[4] 冯元，兰少华，杨余旺. 计算机网络安全基础[M]. 北京：科学出版社，2003.

[5] STALLINGS W. 网络安全基础：应用与标准（第 4 版）[M]. 白国强，等译. 北京：清华大学出版社，2011.

[6] JACOBSON D. 网络安全基础：网络攻防、协议与安全[M]. 赵红宇，等译. 北京：电子工业出版社，2012.

[7] 姚琳，王雪. 无线网络安全技术[M]. 北京：清华大学出版社，2013.

第3章

RFID 系统中的认证和密钥协商

前文已经介绍了密码学中的基础内容，本章主要介绍 RFID 系统以及 RFID 系统中的认证、密钥协商和所有权转换。

3.1 RFID 系统

RFID 是一种无线通信技术，通过无线射频信号识别特定目标并读写相关数据，而且无须识别系统与特定目标之间建立机械或者光学接触。

RFID 系统通常包含 RFID 标签、读写器和后端数据库等实体。在使用过程中，通常将标签附在需要识别物品的表面，或者嵌入物品内部。标签中存储有所附物品的相关信息，如物品名称、产地、生产日期、生产商等。读写器负责通过射频信号与标签进行通信，是标签与后端数据库之间通信的桥梁。后端数据库存储标签的相关信息，并提供各种服务。

RFID 系统的构成模型如图 3-1 所示。读写器和后端数据库通过有线或无线通信链路进行通信，而读写器和标签之间通过无线射频信号进行通信。

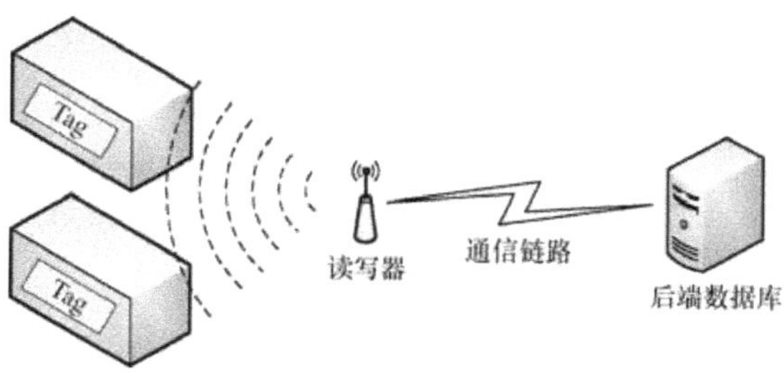

图 3-1　RFID 系统构成模型

无线射频识别和条形码都可以实现对物品的识别，但无线射频识别技术具有以下优点。

- 可存储较多数据。
- 通信距离远。
- 难以复制。
- 对环境变化有较高的忍受能力。
- 读取效率高，可同时读取多个标签。
- 读写器与标签之间无须建立机械或者光学接触。

相应地，无线射频识别的缺点是建设成本较高，但可以通过生产和管理效率的提高以及技术的发展来降低建设成本。

3.1.1　标签

RFID 标签也称为电子标签，是射频识别系统的数据载体。标签至少由两部分组成：一部分是集成电路，负责存储和处理信息、调制和解调射频信号，从读写器传来的信号中收集电能等；另一部分是一个天线，负责收发信号。标签通常具有唯一的电子编码，标签中需要识别或传输的信息被储存在非易失性内存中。标签附在目标对象上或者嵌入目标对象中。

为了提高效率，通常预先在标签中写入数据，等到开始应用时直接把标签附在被标识物品上。也有一些 RFID 应用系统，写数据是在线完成的，尤其是在生产环境中作为交互式读写便携数据文件时。

依据标签供电方式的不同，可以将其分为有源标签和无源标签两类。

（1）无源标签

无源标签没有内部供电电源，其内部集成电路通过接收到的 RFID 读写器发出的电磁波生成电能，以进行驱动。当标签接收到足够强度的信号时，可以向读写器发出数据。这些数据既包括标签的身份标识，也包括根据读写器要求和标签内部程序的要求而发送的数据。

由于无源标签具有价格低廉、体积小巧、无需电源等优点，因而目前市场上运用的 RFID 标签以无源标签为主。但是，无源标签自身没有电力供应装置，由读写器发射出的电磁波获得电力供应，并对读写器进行响应。在传播过程中能量不断衰减，限制了标签的读取距离。

（2）有源标签

与无源标签不同的是，有源标签自身具有内部电力供应，用以供应内部集成电路进行计算和天线收发信号所需电力。有源标签通常具有较长的读取距离，其与无源标签的差异表现为：有源标签可由内部电源供电，主动发射数据给读写器。

3.1.2 读写器

读写器是对 RFID 标签进行读和写操作的设备，主要包括射频通信模块和数字信号处理模块两部分。其中，射频通信模块负责和标签进行通信，数字信号处理模块负责对收到的信号进行处理。读写器可以是单独的整体，如手持便携式读写器，也可以是以部件的形式嵌入其他系统中，如嵌入在仓库入口处，方便对入库物品进行识别。读写器主要负责与标签和后端数据库进行通信，还可以提供复杂的信号状态控制、奇偶错误校验等功能。通常采用射频信号与标签进行通信，可以采用多种无线或有线通信技术与后端数据库进行通信，如 Wi-Fi 和以太网等。

3.1.3　后端数据库

后端数据库主要完成数据信息的存储及管理，存储大量标签的相关信息，可以为大量标签提供服务。后端数据库系统可以是现有的数据库或供应链系统，也可以是面向特定行业的高度专业化的数据库，或者把 RFID 系统当成整个企业 ERP 的一部分。

后端数据库所提供的一项基本服务是认证服务，即鉴定该标签的相关信息是否存储在数据库中。例如，RFID 技术的一项重要应用是防伪。读写器与标签进行通信后，将标签发来的信息转发给后端数据库。后端数据库对标签的信息进行处理，判断该信息是否与存储在数据库中的某一项信息匹配。若都不匹配，则认为该标签是假冒的，该标签所附的物品也是假冒的；若有一项信息匹配，则认为该标签是有效的，该标签所附的物品是真品。

3.1.4　RFID 系统通信模型

RFID 系统通信模型如图 3-2 所示。通常包含以下步骤。

① 读写器发送通信请求给标签。

② 标签收到读写器发来的通信请求后，根据不同的通信目的，进行计算，生成响应消息，发送通信响应给读写器。

③ 读写器将标签发来的通信响应转发给后端数据库。

④ 后端数据库根据不同的通信目的，进行计算，生成响应消息，发送通信响应给读写器。

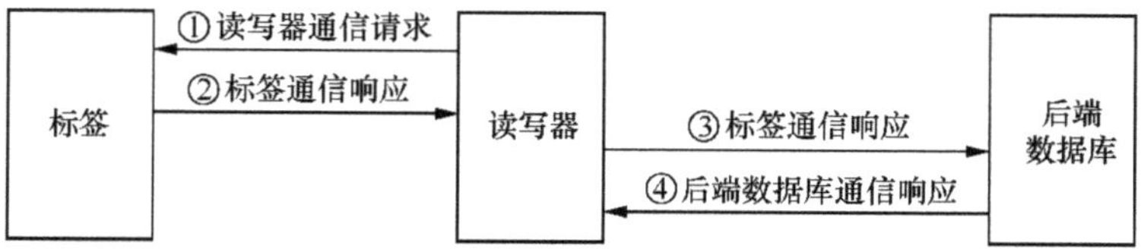

图 3-2　RFID 系统通信模型

以上是标签—读写器—后端数据库进行一轮通信的典型流程，根据实际应用的不同，可能需要执行多轮的通信才能达到目的。

3.2 RFID 系统安全性

RFID 技术的高速发展为物流领域的电子交易带来便利的同时，也带来了新的安全和隐私问题。而且，RFID 标签受成本的限制，通常仅具有非常有限的计算资源，如电力供应、存储空间、计算能力等。因此，标签通常不能执行对称密钥密码算法和非对称密钥密码算法，仅能执行计算量较小的计算，如异或运算、散列运算等。标签计算资源的有限性为保护标签—读写器—后端数据库之间的安全通信提出了很大的挑战。RFID 系统面临的安全威胁主要包括信息隐私、位置隐私、重放攻击、中间人攻击和去同步化攻击等。

3.2.1 信息隐私

随着 RFID 标签的广泛使用，标签中信息的泄露将会成为一个常见问题。某些标签并不对读写器的身份进行认证，只要有任意读写器进行查询，就会发送存储的重要信息。如果该标签中存储有重要的个人信息内容，则将有可能导致用户隐私的泄露。

3.2.2 位置隐私

位置隐私是 RFID 系统用户的位置信息，是 RFID 系统提供基于位置服务的前提，但是位置信息在带来服务便利的同时，也带来一些安全威胁。攻击者能够根据位置信息推断出用户的个人爱好、消费模式、健康状况等个人隐私信息。对于用户而言，部分 RFID 标签是随身携带的，如衣物中的标签、手机中的标签等。因此，标签的位置信息就是标签携带者的位置信息，攻击者可以通过获取标签的位置信息来获取标签携带者的位置信息。

位置信息是指用一组数据描述在某一时刻某个标签或其携带者的位置，或在某个时间段内，标签或其携带者的运动轨迹。获取标签或其携带者的位置信息的原理是标签或其携带者在经过某个读写器时，应读写器的请求，向读写器发送消息；读写器或后端数据库若从该消息中发现了标签的身份信息，则记录该标签及其携带者的位置信息；即使读写器或后端数据库从该消息中没有发现标签的身份信息，但若消息中的某部分保持不变，后端数据库仍能根据不同读写器搜集的标签的响应消息，获得标签的运动轨迹，同样获取了标签的位置信息。

3.2.3 重放攻击

重放攻击是一种常见的网络攻击。在 RFID 系统中，攻击者窃听标签和读写器之间的通信，并重放窃听到的消息给标签和读写器。将窃听到的消息重放给标签，通常是为了假冒读写器的身份，或者指示标签进行某些计算。将窃听到的消息重放给读写器，通常是为了假冒标签的身份，以达到通过读写器或后端数据库认证的目的。

3.2.4 中间人攻击

中间人攻击也是一种常见的网络攻击。在 RFID 系统中，中间人攻击是指攻击者拦截了标签和读写器之间的网络通信数据，并进行数据分析和篡改，而标签和读写器却没有发现的攻击。通常中间人攻击的目的是获取标签和读写器的共享密钥，或者假冒标签或读写器的身份与对方进行通信。

3.2.5 去同步化攻击

去同步化攻击是无线通信系统中特有的攻击方式。由于无线通信系统很难像有线通信那样提供可靠数据传输，因此，当后端数据库和标签需要更新密钥时，攻击者通过干扰标签和读写器之间的通信，使得分别存储于标签和后端数据库中的密钥不同，即标签中存储的密钥已经更新了，而存储在后端数据库中的密钥还没有更新，反之亦然。在遭受去同步化攻击后，标签和后端数据库不能够进行成功的相互验证，破坏了系统的可用性。

3.3 RFID 系统中的安全协议

安全协议是以密码学为基础的消息交换协议，是建立在密码体制基础上的一种交互通信协议，能够在网络环境中提供各种安全服务，如认证、密钥分配等。安全协议是网络安全的一个重要组成部分，需要通过安全协议来进行网络上实体之间的认证，在实体之间安全地分配密钥或其他各种秘密，确认发送和接收的消息的非否认性等。在 RFID 系统中，安全协议的目标主要包括认证性、完整性和机密性。

3.3.1 认证性

认证主要用来确认身份，以对抗假冒攻击。在安全协议中，当某一个参与方提交了自己的身份证明时，另一方或另几方需要判断该身份证明是否有效，即是否通过对该参与方的认证。若通过对该参与方的认证，则确认该参与方就是它所声称的那个身份；若没有通过对该参与方的认证，则并不确定该参与方就是它所声称的那个身份。

3.3.2 完整性

完整性保护的目的是保护通信内容不被篡改、替代和删除。通常采用散列函数计算消息的散列值，将其附在需要传送的消息的后面。接收方收到消息后，计算消息的散列值，并检查计算出的散列值和收到的散列值是否一致，以此来判断消息是否遭到篡改、替代或删除。

3.3.3 机密性

机密性保护的目的是防止机密信息被未授权的实体访问。即使攻击者窃听到了通信双方的消息，但仍无法获取消息的内容。通常采用加密的方法对消息进行保护，将消息的明文加密成为密文，未经授权的用户没有解密密钥，因而无法解密访问消息的明文。

在 RFID 系统中，标签仅具有非常有限的计算资源，仅能执行计算量较小的算法，而读写器和后端数据库通常被认为具有充足的计算资源，可以采用多种安全算法和技术来保护通信的安全性。因此，为了研究的方便，通常假设标签与读写器之间的信道是不安全的，而读写器与后端数据库之间的信道是安全的。

在 RFID 系统中，使用较多的是认证协议和密钥协商协议。

（1）认证协议

在 RFID 系统中，认证协议是最常用的一类协议，主要用于防止假冒、篡改等攻击，实现身份认证。

（2）密钥协商协议

在 RFID 系统中，密钥协商协议也是常用的协议，主要用于密钥的建立。通常是标签和后端数据库之间建立共享的秘密，如会话密钥等。通常采用散列算法进行密钥协商。

3.4 RFID 系统中的认证

3.4.1 认证分类

通常假设读写器与后端数据库之间的信道是安全的，因此，RFID 系统中的认证主要指的是标签和后端数据库之间的认证。

1. 按认证目标分类

在 RFID 系统中，根据认证目标的不同，标签与后端数据库之间的认证可以分为两类：单向认证和双向认证。

（1）单向认证

单向认证是指通信双方中的一方确认另外一方的身份，而后者并不确认前者的身份。单向认证模型如图 3-3 所示。

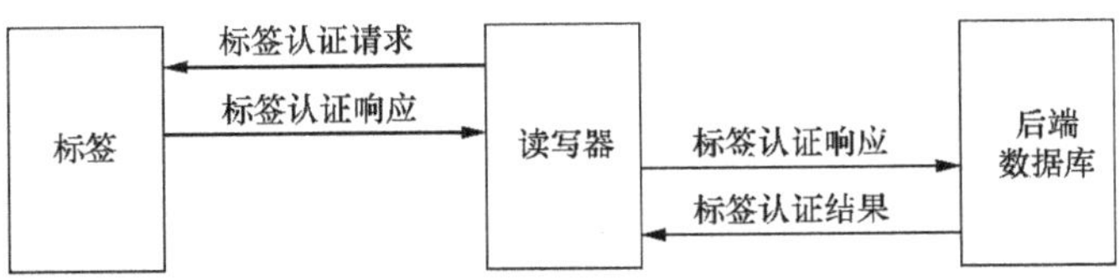

图 3-3　RFID 系统单向认证模型

① 读写器向标签发起认证请求。

② 标签发送自己的认证响应给读写器，该响应中包含标签身份认证的相关信息。

③ 读写器收到后将该响应转发给后端数据库，由后端数据库进行确认。

④ 后端数据库在自己的数据库中查找是否存在相应的数据项，符合收到的标签的认证响应。若存在这样的数据项，则认证成功；否则认证失败。

⑤ 后端数据库将认证结果发送给读写器。

（2）双向认证

双向认证是指通信双方互相确认对方的身份，即通信双方都知道在和谁通信。双向认证模型如图 3-4 所示。

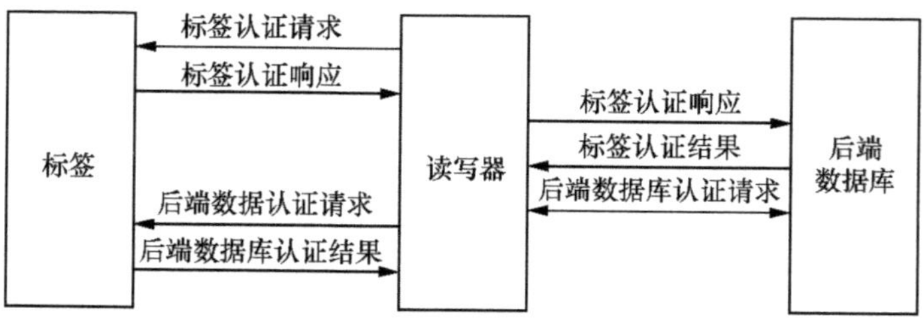

图 3-4　RFID 系统双向认证模型

① 读写器向标签发起认证请求。

② 标签发送自己的认证响应给读写器，该响应中包含标签身份认证的相关信息。

③ 读写器收到后将该响应转发给后端数据库，由后端数据库进行确认。

④ 后端数据库在自己的数据库中查找是否存在相应的数据

项，符合收到的标签的认证响应。若存在这样的数据项，则认证成功；否则认证失败。

⑤ 后端数据库将认证结果发送给读写器，并生成自己的认证请求，请求标签对自己进行身份认证。

⑥ 读写器收到后将该认证请求转发给标签，由标签进行身份认证。

⑦ 标签根据自己存储的信息，对后端数据库的认证请求进行验证。若标签存储的信息与后端数据库认证请求中的信息一致，则认证成功；否则认证失败。

2. 按所用算法分类

（1）基于散列算法的认证

基于散列算法的认证通常要使用仅有通信双方知道的秘密值来提供身份认证。典型的基于散列算法的认证如图 3-5 所示。其中，k 是标签和后端数据库共享的密钥。

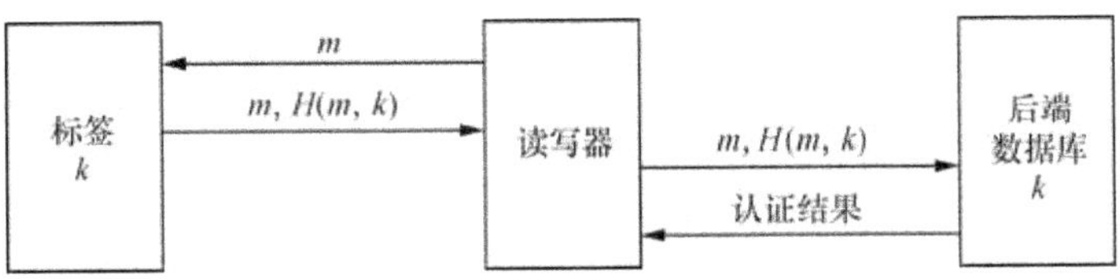

图 3-5　RFID 系统中基于散列算法的认证

① 读写器发送消息 m 给标签。

② 标签收到读写器发来的消息后，将 m 和 k 串联，计算散列值，即 $H(m, k)$，并将该$\{m, H(m, k)\}$值发送给读写器。

③ 读写器将收到的消息转发给后端数据库。

④ 后端数据库在自己的数据库中搜索是否存在一个密钥值

k'，使得 $H(m, k')=H(m, k)$。若存在这样的 k'，根据散列函数的性质可知，k'和 k 是相同的，通过对标签的认证；若不存在这样的 k'，则不通过对标签的认证。后端数据库将认证结果发送给读写器。

（2）基于数字签名算法的认证

典型的基于数字签名算法的认证如图 3-6 所示。基于数字签名算法的认证需要使用 2 个密钥，分别是标签的公钥 *PKT* 和私钥 *SKT*。

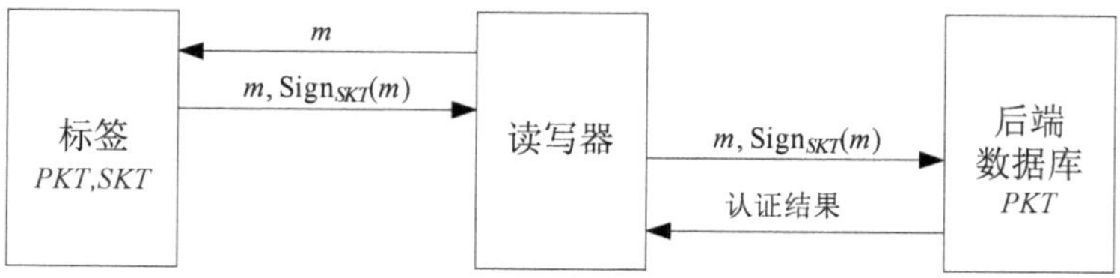

图 3-6　RFID 系统中基于数字签名算法的认证

① 标签对消息用自己的私钥 *SKT* 进行签名，并将签名数据通过读写器发送给后端数据库。

② 后端数据库使用标签的公钥 *PKT* 验证该签名。若签名有效，则通过对标签的认证；否则不通过对标签的认证。

需要说明的是，数字签名算法的计算量较大，标签难以进行签名计算。因此，RFID 系统中的认证协议较少使用数字签名算法。

3.4.2　认证协议

RFID 系统中的认证协议有多种实现方式，按照所用算法进行分类，主要可以分为基于散列函数的 RFID 认证协议和没有使用散列函数的 RFID 认证协议。前者主要使用散列函数对标签和后端数据库共享的秘密值进行散列运算，将其作为身份凭据，供对方识别；而后者主要使用非密码算法进行认证，如异或运算、循环冗余检验（Cyclic Redundancy Check，CRC）、位运算等。本节简要介绍一下这两类认证协议的研究成果。

1. 基于散列函数的 RFID 认证协议

早期的 RFID 系统中的认证协议大多是基于散列函数的。文献[1]提出了 Hash-Lock 协议和随机化 Hash-Lock 协议，使用散列函数实现对标签的认证。Hash-Lock 协议使用 metaID 代替标签真实的身份，将其发送给读写器和后端数据库。但 metaID 和 ID 没有动态刷新机制，而且 metaID 和 ID 都以明文形式传送，很容易受到攻击者的窃听攻击。随机化 Hash-Lock 协议在 Hash-Lock 协议的基础上添加了随机数，保护消息的新鲜性，但仍然不能抵御假冒攻击。文献[2]提出了一个低成本 RFID 认证协议，通过将散列值分为左右两个部分，实现标签和后端数据库之间的双向认证。在文献[3]中，Gene Tsudik 提出了一个基于时间戳的认证协议，根据时间戳的值发送不同的消息进行认证。文献[4]提出了一种基于散列函数的 RFID 安全认证协议（HSAP）。该协议能提供标签和后端数据库之间的双向认证。文献[5]提出了一种轻量级 RFID 双向认证协议，该协议具有较好的性能，降低了标签的存储量和计算量。文献[6]也提出了一种轻量级 RFID 双向认证协议，经过分析表明，该协议具有较好的安全性。

2. 非基于散列函数的 RFID 认证协议

文献[7]分析了文献[8]的安全性，指出该协议不能抵御重放攻击，并提出了一个 RFID 双向认证协议，该协议符合 EPC Class 1

Generation 2 标准。文献[9]提出了一个符合 EPC Class 1 Generation 2 标准的 RFID 双向认证协议，并使用 BAN 逻辑对其进行了形式化分析。文献[10]也提出了一个符合 EPC Class 1 Generation 2 标准的 RFID 认证协议，但文献[11]指出，该协议容易遭受读写器假冒攻击。文献[12]中提出了一个 RFID 轻量级认证协议，该协议没有使用密码算法。

3.5 RFID 系统中的密钥协商

在网络上，最常用的密钥协商协议是 Diffie-Hellman 密钥协商协议。但是，由于 RFID 系统中标签的计算资源非常有限，Diffie-Hellman 密钥协商协议不能用于标签和后端数据库之间的密钥协商。此外，由于非对称密码算法的计算量较大，同样也不能应用于 RFID 系统。因此，RFID 系统通常采用对称密钥密码算法或散列函数进行密钥协商。RFID 系统中的密钥协商通常有以下几种类型。

3.5.1 由后端数据库生成秘密值

采用由后端数据库生成秘密值的方式实现的密钥协商协议如图 3-7 所示。

① 后端数据库生成秘密值 s，将其加密 $E_k(s)$，并计算 $H(s)$。后端数据库发送加密后的 s 和 $H(s)$给读写器，即发送$\{E_k(s),\ H(s)\}$

给读写器。

② 读写器将收到的消息发送给标签。

③ 标签收到 s 的密文后进行解密，得到 s 的明文，并与收到的 $H(s)$进行对比，若不一致，则说明解密得到的 s 和后端数据库生成的 s 不一致，要求后端数据库重新进行密钥协商；若一致，则说明解密得到的 s 和后端数据库生成的 s 一致，对 s 进行变换，得到 $C(s)$，计算 $H(C(s))$，发送 $H(C(s))$给读写器。

④ 读写器将收到的消息发送给标签。

⑤ 后端数据库对自己生成的 s 进行同样的变换，计算 $H(C(s))$，并与收到的 $H(C(s))$进行对比。若不一致，则说明标签计算得出的 s 和自己生成的 s 不一致，重新进行密钥协商；若一致，则说明标签计算得出的 s 和自己生成的 s 一致，密钥协商成功。

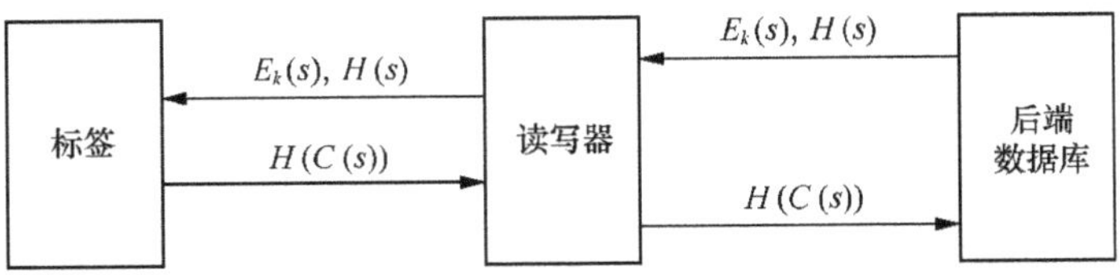

图 3-7 由后端数据库生成秘密值的密钥协商

3.5.2 由标签生成秘密值

采用由标签生成秘密值的方式实现的密钥协商协议如图 3-8 所示。

① 标签生成秘密值 s，将其加密 $E_k(s)$，并计算 $H(s)$。标签发送加密后的 s 和 $H(s)$给读写器，即发送$\{E_k(s), H(s)\}$给读写器。

② 读写器将收到的消息发送给后端数据库。

③ 后端数据库收到 s 的密文后进行解密，得到 s 的明文，并与收到的 $H(s)$进行对比，若不一致，则说明解密得到的 s 和标签生成的 s 不一致，要求标签重新进行密钥协商；若一致，则说明解密得到的 s 和标签生成的 s 一致，对 s 进行变换，得到 $C(s)$，计算 $H(C(s))$，发送 $H(C(s))$给读写器。

④ 读写器将收到的消息发送给标签。

⑤ 标签对自己生成的 s 进行同样的变换，计算 $H(C(s))$，并与收到的 $H(C(s))$进行对比。若不一致，则说明标签计算得出的 s 和自己生成的 s 不一致，重新进行密钥协商；若一致，则说明后端数据库计算得出的 s 和自己生成的 s 一致，密钥协商成功。

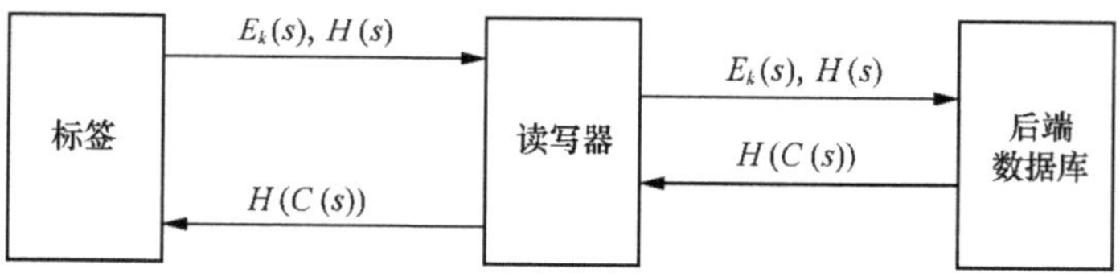

图 3-8　由标签生成秘密值的密钥协商

3.5.3　由后端数据库和标签分别生成秘密值

采用由后端数据库和标签分别生成秘密值的方式实现的密钥协商协议如图 3-9 所示。

① 后端数据库生成秘密值 s_1，将其加密 $E_k(s_1)$，并计算 $H(s_1)$。后端数据库发送加密后的 s_1 和 $H(s_1)$给读写器，即发送$\{E_k(s_1), H(s_1)\}$给读写器。

② 读写器将收到的消息发送给标签。

③ 标签收到 s_1 的密文后进行解密，得到 s_1 的明文，并与收到的 $H(s_1)$进行对比，若不一致，则说明解密得到的 s_1 和后端数据库生成的 s_1 不一致，要求后端数据库重新进行密钥协商；若一致，则说明解密得到的 s_1 和后端数据库生成的 s_1 一致，标签生成秘密值 s_2，将其加密 $E_k(s_2)$，并计算 $H(s_2)$。根据 s_1 和 s_2，标签计算出与后端数据库共享的新密钥 k_{new}，并计算 $H(k_{new})$。后端数据库发送加密后的 s_2、$H(s_2)$和 $H(k_{new})$给读写器，即发送$\{E_k(s_2), H(s_2), H(k_{new})\}$给读写器。

④ 读写器将收到的消息发送给标签。

⑤ 后端数据库收到 s_2 的密文后进行解密，得到 s_2 的明文，并与收到的 $H(s_2)$进行对比，若不一致，则说明解密得到的 s_2 和标签生成的 s_2 不一致，要求标签重新进行密钥协商；若一致，则说明解密得到的 s_2 和后端数据库生成的 s_2 一致，采用和标签同样的方法计算出 k_{new} 和 $H(k_{new})$。将自己计算的 $H(k_{new})$与收到的 $H(k_{new})$进行对比。若不一致，则说明计算出的 k_{new} 和标签计算出的 k_{new} 不一致，要求标签重新进行密钥协商；若一致，则说明计算出的 k_{new} 和标签计算出的 k_{new} 一致，密钥协商成功。

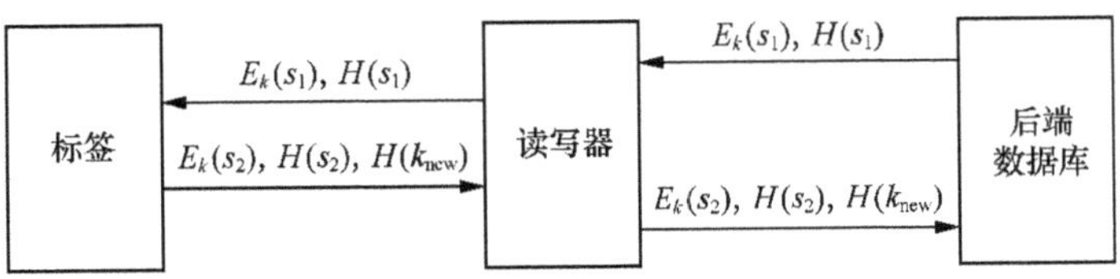

图 3-9　由后端数据库和标签分别生成秘密值的密钥协商

3.6 RFID 系统中的所有权转换

近几年，越来越多的学者开始研究 RFID 标签所有权转换过程中的安全与隐私保护问题。该问题主要包括 3 个方面的要求。

① 所有权转移后，原所有者不能继续访问标签。

② 新所有者在获得标签的所有权后，不能访问以前标签进行的交互数据，以保护原所有者的隐私。

③ 所有权转移协议可以抵抗中间人攻击、去同步化攻击等。

3.6.1 所有权转换国内研究现状

国内的学者对标签所有权转换的安全问题进行了多方面的研究，研究领域目前有 3 个方向。

1. 轻量级所有权转换协议

对此方向进行的研究有北京大学提出的基于 SQUASH 的轻量级所有权转换协议[14]，该协议能够保护标签原所有者和新所有者的隐私，而且具有更高的计算效率。其中，SQUASH[15]是由 Shamir 提出的基于散列函数的一种优化函数，能够在不降低安全性的前提下，通过减少 Rabin 加密方案的步骤，提高计算效率。南京邮电大学根据读写器产生的随机数对将要传送的信息进行循环左移，提出了基于循环移位的轻量型相互认证协议（CSLMAP），并用 GNY 逻辑对协议的安全性进行了证明[16]。西安电子科技大学在通用可组合安全模型的基础上，设计了一个低成本的 RFID 匿名认证协议，在标准模型下证明了 RFID 匿名认证协议的安全性[17]，该协议能够提供匿名、双向认证和并发安全，并且协议的实现对于一般的 RFID 结构都是切实可行的。华南师范大学利用只需要实现伪随机数发生器的标签构造了简单的 RFID 认证协议 SFP[18]，并在标准模型下证明了 SFP 协议具有前向隐私安全性，与现有 RFID 协议相比较，SFP 协议不但计算和通信效率高，而且同时保证了前向隐私安全和低标签生产成本，实现了 RFID 技术低标签成本和高隐私安全的结合。

2. 基于散列函数的标签安全认证协议

在诸多基于密码技术的标签安全机制中，基于散列函数的 RFID 安全协议具备静态 ID 和动态 ID 两种机制，易于满足标签所有权转换的安全需求，成本较低，在硬件执行方面较适合标签认证协议。

中国科学院计算技术研究所提出了认证识别的单一会话模式和连续会话模式的概念，以及一种基于散列的安全认证协议（HSAP）[19]。该协议能够抵御假冒攻击、重传攻击、追踪攻击、去同步化攻击等多种攻击手段，并采用 GNY 逻辑对协议的安全性给出了形式化证明，表明通信双方信任交互信息的新鲜性。所提出的协议解决了轻量型相互认证协议中的安全隐私问题，提高了认证协议的执行效率，降低了标签的应用成本。

3. 基于公钥授权和认证体制的所有权转换协议

解放军信息工程大学提出了两个标签所有权转换协议。第一个是一种“先授权后更新”的转换协议，能保护标签的位置信息，提供前向安全，并能抵御重放攻击[20]；第二个协议是基于公钥密码体制，能提供认证性和前向安全[21]。此外，南京邮电大学提出了一种标签所有权转换协议[22]，该协议能提供认证性，保护标签的机密信息。

随着 RFID 技术逐步进入实际应用领域，一些学者开始研究其在应用时所遇到的问题，标签的所有权转换问题即是其中之一。标签的所有权转换是在标签与所有者进行认证的基础上，将标签的机密信息安全地转换给下一个所有者。在此过程中，除了需要能够抵御重放攻击、中间人攻击、去同步化攻击等多种攻击外，还需要能够保护标签机密信息的前向安全和后向安全。

3.6.2 所有权转换国外研究现状

国外的研究人员对标签所有权转换方面的研究工作始于 2005 年，研究方向可以分为基于散列函数的和基于非散列函数的标签所有权转换方案 2 类。

1. 基于散列函数的标签所有权转换协议

由于 RFID 系统中标签的计算资源非常有限，因此关于标签所有权转换的大部分研究成果都使用了钥控散列函数。2005 年，Saito 等人提出的带有可信第三方和不带有可信第三方的标签所有权转换协议[23]，这两个协议均采用了由密钥控制的加密函数，但仍无法保护标签信息的前向安全。2007 年，Osaka 等人也提出了一种带有可信第三方的标签所有权转换协议[24]，该协议除了使用由密钥控制的加密函数以外，还使用了散列函数。但该协议无法抵御去同步化攻击，而且标签可以被攻击者跟踪。此后，一些研究学者试图改进 Osaka 的协议，如 2008 年由 Yoon 和 Yoo 提出的改进方案[25]，以及 2009 年由 Chen 等人提出的改进方案[26]。在前者提出的方案中，对后端数据库发给读写器以及读写器发给标签的最后一条信息进行了修改；在后者提出的方案中，添加了一条由读写器发给标签的消息。

此外，Koralalage 等人提出的使用了密钥控制的散列函数的协议[27]，该协议无法保护标签的位置隐私信息。Fouladgar 和 Afifi 提出了使用假名和密钥控制的加密函数，保护标签中的机密信息协议[28]，能够抵御中间人攻击和重放攻击。Song 将标签所有权转换协议分成了 3 个子协议[29]，分别是所有权转换子协议、秘密值更新子协议和恢复授权子协议，来提供标签所有权转换过程中所需的多种功能。Mitchell 等人提出了一个可扩展的标签所有权转换协议[30]，该协议除了能提供所有权转换之外，还能保护标签的隐私。Yoon 等人认为标签在供应链中需要不同种类的所有权，为实现在不同类型所有权之间的无缝转换，提出了一种供应链中的标签认证所有权转换方案[31]。Kulseng 等人[32]所提出的所有权转换协议可以为标签与所有者后端数据库之间所共享的机密信息进行重新同步，因而能够抵御去同步化攻击。Dimitriou 等人提出了一种授权和所有权转换协议 RFIDDOT[33]，实现了标签与所有者的读写器之间的双向认证。在此之后，标签和读写器同时更新自己的密钥，供后面的通信使用。Kapoor 等人根据是否需要可信第三方参与，提出了两个所有权转换协议[34]。这两个协议使用了加密函数和散列函数。Elkhiyaoui 等人提出了一个所有权转换协议 ROTIV[35]，该协议使用了散列函数，能保证前向安全和后向安全。

2. 基于非散列函数的标签所有权转换协议

在基于非散列函数的标签所有权转换研究成果中，Chen 和 Chien 提出了一种低成本的符合 EPC C1G2 的标签所有权转换机制[36]，该机制能提供标签所有权的安全转换，而且采用了生物学指纹提供双向认证。Chen 还提出了一种能防止假冒的低成本 RFID 系统所有权转换协议[37]。Senthilkumar 等人基于难以克隆的物理特性对被动式 RFID 标签提取数字指纹[38]。在此基础上，又提出一种基于数字指纹的标签所有权转换协议[39]。

3.7 本章小结

本章主要介绍了 RFID 系统的组成、通信模型和系统安全性，以及 RFID 系统中的认证、密钥协商和所有权转换。其中，根据认证目标进行分类，RFID 系统中的认证可分为单向认证和双向认证。

根据所用算法进行分类，RFID 系统中的认证可分为基于散列算法的认证和基于数字签名算法的认证。

对于 RFID 系统中的认证协议，可以分为基于散列函数的 RFID 认证协议和非基于散列函数的 RFID 认证协议。

对于 RFID 系统中的密钥协商，根据密钥生成方式的不同，可以分为 3 类，分别是由后端数据库生成秘密值、由标签生成秘密值以及由后端数据库和标签分别生成秘密值。

本章还简要介绍了 RFID 标签所有权转换领域内国内外的研究现状，使读者能够对该领域有一个大致的了解，有助于理解和掌握后续章节中的内容。

参 考 文 献

[1] WEIS S A, SARMA S E, RIVEST R L, et al. Security and privacy aspects of low-cost radio frequency identification systems[J]. Lecture notes in computer science, 2004, 2802: 201-212.

[2] LEE S M, HWANG Y J, LEE D H, et al. Efficient authentication for low-cost RFID systems[C]//International Conference on Computational Science and Its Applications, 2005.

[3] TSUDIK G. YA-TRAP: Yet another trivial RFID authentication protocol[C]//Fourth Annual IEEE International Conference on Pervasive Computing and Communications Workshops (PERCOMW'06), 2006.

[4] 丁振华，李锦涛，冯波. 基于 Hash 函数的 RFID 安全认证协议研究[J]. 计算机研究与发展, 2009, 4: 583-592.

[5] 李慧贤. 轻量级 RFID 双向认证协议设计与分析[J]. 西安电子

科技大学学报, 2012, 1: 172-178.

[6] 张兵, 马新新, 秦志光. 轻量级 RFID 双向认证协议设计与分析[J]. 电子科技大学学报, 2013, 3: 106-111.

[7] CHIEN H Y, CHEN C H. Mutual authentication protocol for RFID conforming to EPC Class 1 Generation 2 standards[J]. Computer standards & interfaces, 2007, 29(2): 254-259.

[8] KARTHIKEYAN S, NESTERENKO M. RFID security without extensive cryptography[C]//Proceedings of the 3rd ACM Workshop on Security of Ad hoc and Sensor Networks, 2005.

[9] CAI Q L, ZHAN Y J, WANG Y H. A minimalist mutual authentication protocol for RFID system & BAN logic analysis [C]//ISECS International Colloquium on Computing, Communication, Control, and Management, 2008.

[10] CHOI E Y, LEE D H, LIM J I. Anti-cloning protocol suitable to EPC global Class-1 Generation-2 RFID systems[J]. Computer standards & interfaces, 2009, 31(6): 1124-1130.

[11] BURMESTER M, MUNILLA J. A flyweight RFID authentication protocol[J]. IACR cryptology ePrint archive, 2009: 212.

[12] SUN H M, TING W C. A Gen2-based RFID authentication protocol for security and privacy[J]. IEEE transactions on mobile computing, 2009, 8(8): 1052-1062.

[13] SEO D H, BAEK J M, CHO D. Secure RFID authentication scheme for EPC class Gen2[C]//Proceedings of the 3rd International Conference on Ubiquitous Information Management

and Communication, 2009.
[14] 金永明, 孙惠平, 关志, 等. RFID 标签所有权转移协议研究[J]. 计算机研究与发展, 2011, 48(8): 1400-1405.
[15] SHAMIR A. SQUASH-a new MAC with provable security properties for highly constrained devices such as RFID tags [C]//Fast Software Encryption, 2008.
[16] 张学军, 王玉, 王锁萍, 等. 基于循环移位的轻量型相互认证协议研究[J]. 电子学报, 2012, 40(11): 2270-2275.
[17] 邓淼磊, 马建峰, 周利华. RFID 匿名认证协议的设计[J]. 通信学报, 2009, (7): 20-26.
[18] 马昌社. 前向隐私安全的低成本 RFID 认证协议[J]. 计算机学报, 2011, 34(8): 1387-1398.
[19] 丁振华, 李锦涛, 冯波. 基于 Hash 函数的 RFID 安全认证协议研究[J]. 计算机研究与发展, 2009, (4): 583-592.
[20] 邵婧, 陈越, 甄鸿鹄. 供应链环境下的 RFID 标签所有权转换方案[J]. 计算机工程与设计, 2009, (24): 5618-5621.
[21] 邵婧, 陈越, 常振华. RFID 标签所有权转换模式及协议设计[J]. 计算机工程, 2009, 35(15):143-145.
[22] WANG S H. Analysis and design of RFID tag ownership transfer protocol[C]//Proceedings of the 2011 International Conference on Informatics, Cybernetics, and Computer Engineering (ICCE2011), 2012.
[23] SAITO J, IMAMOTO K, SAKURAI K. Reassignment scheme of an RFID tag's key for owner transfer[C]//Embedded and Ubiquitous

Computing-EUC 2005 Workshops, 2005.

[24] OSAKA K, TAKAGI T, YAMAZAKI K, et al. An efficient and secure RFID security method with ownership transfer[J]. RFID security, 2009: 147-176.

[25] YOON E J, YOO K Y. Two security problems of RFID security method with ownership transfer[C]//IFIP International Conference on Network and Parallel Computing, 2008.

[26] CHEN H B, LEE W B, ZHAO Y H, et al. Enhancement of the RFID security method with ownership transfer[C]//Proceedings of the 3rd International Conference on Ubiquitous Information Management and Communication, 2009.

[27] SABARAGAMU KORALALAGE K H S, REZA S M, MIURA J, et al. POP method: an approach to enhance the security and privacy of RFID systems used in product lifecycle with an anonymous ownership transferring mechanism[C]//Proceedings of the 2007 ACM Symposium on Applied Computing, 2007.

[28] FOULADGAR S, AFIFI H. A simple delegation scheme for RFID systems (SiDeS)[C]//IEEE International Conference on RFID, 2007.

[29] SONG B. RFID tag ownership transfer[C]//Proc. Workshop on RFID Security, 2008.

[30] FERNANDEZ-MIR A, TRUJILLO-RASUA R, CASTELLA-ROCA J, et al. A scalable RFID authentication protocol supporting ownership transfer and controlled delegation[J]. RFID security

and privacy, 2012: 147-162.

[31] ZHOU W, YOON E, PIRAMUTHU S. Varying levels of RFID tag ownership in supply chains[C]//On the Move to Meaningful Internet Systems: OTM 2011 Workshops, 2011.

[32] KULSENG L, YU Z, WEI Y, et al. Lightweight mutual authentication and ownership transfer for RFID systems[C]// INFOCOM, 2010.

[33] DIMITRIOU T. rfidDOT: RFID delegation and ownership transfer made simple[C]//Proceedings of the 4th International Conference on Security and Privacy in Communication Networks, 2008.

[34] KAPOOR G, PIRAMUTHU S. Single RFID tag ownership transfer protocols[J]. Systems, man, and cybernetics, Part C: applications and reviews, IEEE transactions on, 2012, 42(2): 164-173.

[35] ELKHIYAOUI K, BLASS E O, MOLVA R. ROTIV: RFID ownership transfer with issuer verification[J]. RFID security and privacy, 2012: 163-182.

[36] CHEN C L, CHIEN C F. An Ownership transfer scheme using mobile RFIDs[J]. Wireless personal communications, 2013, 68(3): 1093-1119.

[37] CHEN C L, CHEN Y Y, HUANG Y C, et al. Anti-counterfeit ownership transfer protocol for low cost RFID system[J]. WSEAS transactions on computers, 2008, 7(8): 1149-1158.

[38] PERIASWAMY S C G, THOMPSON D R, DI J. Fingerprinting RFID tags[J]. IEEE transactions on dependable and secure computing,

2011, 8(6): 938-943.

[39] PERIASWAMY S C G, THOMPSON D R, DI J. Ownership transfer of RFID tags based on electronic fingerprint[C]//Proceedings International Conference on Security and Management, 2008.

第 4 章

RFID 标签所有权转换

前文已经介绍了 RFID 系统中的认证和密钥协商，本章主要介绍 RFID 系统中标签的所有权转换协议。标签的所有权转换协议可以分为两个阶段：认证阶段和密钥协商阶段。在认证阶段，标签的原所有者确定标签的身份，准备将其交给新所有者；在密钥协商阶段，标签的新所有者与标签协商出新的共享密钥，用于后续通信，原有的标签与原所有者之间的共享密钥失效。

4.1 概述

RFID 技术的高速发展为物流领域的电子交易带来便利的同时，也带来了新的安全和隐私问题。为了维护供应链环境的安全，物联网的信息安全需要延伸新的内涵，以适应科学技术发展的需求。贴有标签的物品经常发生所有权的转移，由于标签的计算资源非常有限，不能执行复杂的密码算法，难以保护原所有者与新所有者的隐私，以及供应链节点企业标签所有权的转换安全。因此，建设自主性和创新性的 RFID 安全防护体系成为标签所有权转换协议的研究主题。

在物品的流通过程中，由于节点企业之间的不完全相互信任特性，当前节点企业把商品移交给下一个节点企业或最终用户时，既需要进行物理商品的所有权转换，也需要将对商品上所附标签的访问权转交给下一个节点企业，即进行标签所有权转换。在标签被某个节点企业转交给下一个节点之后，必须确保该节点企业掌握的该标签的秘密信息失效，不能再对标签进行查询或其他操作，即保护标签信息的“后向安全”。相应地，节点企业在接收到标签的所有权之后，也不能对此前标签的机密信息进行查询或其他操作，即保护标签信息的“前向安全”。

协议中用到的符号及其含义如下所示（有另行说明的除外）。

- r_i：由通信实体生成的随机数。
- a，b：变量 a 和 b 的串联。
- $a \oplus b$：变量 a 和 b 的异或。
- $H(x)$：对变量 x 求其散列值。
- k：标签和所有者共享的密钥。
- $k_{\text{OO-TTP}}$：原所有者与可信第三方的共享密钥。
- ID_{OO}：原所有者的身份标识。
- ID_{NO}：新所有者的身份标识。
- ID_{TTP}：可信第三方的身份标识。
- s：标签与可信第三方共享的秘密值。

4.2 标签所有权转换模型

射频识别技术通常被应用在物流管理中。物体在被运输时会被贴上一个存储有自身和对象信息的标签。如果一个实体可以访问标签中存储的信息，就认为这个实体拥有标签的所有权，即标签的所有者。在物流过程中，标签会经历多个这样的实体，如生产者、批发商、经销商等。当物品进行交付时，原来的实体将标签的访问权交付给新的实体，这叫作所有权转换。以前的实体称为原所有者（Old Owner，OO），之后的实体为新所有者（New Owner，NO）。

因此，标签所有权转换协议至少应包含 3 个实体：标签、原所有者和新所有者。在此，所有者指的是读写器和后端数据库所构成的整体。

标签所有权的实现是建立在标签和所有者的秘密共享的基础上。一个典型的所有权转换程序至少应包含以下步骤。

① 原所有者更新与标签的共享密钥。

② 原所有者通过一个安全的信道向新所有者发送更新后的密钥。

③ 新所有者利用从原所有者处得到的密钥与标签协商生成新的密钥。

之后，新所有者获得标签的所有权，原所有者不再能够访问标签。为了研究的方便，通常假设标签与所有者和可信第三方等通信实体之间的信道是不安全的，而其他通信实体之间的通信信道是安全的。需要注意的是，在此假设了一个情景，即密钥协商的过程必须在原所有者发出询问请求可达的范围之外，否则原所有者可能窃听到标签与新所有者之间交换的信息。这样，由于拥有旧的密钥，原所有者就有可能通过窃听标签与新所有者接下来的通信来推断出新的密钥。标签所有权转换模型如图 4-1 所示。

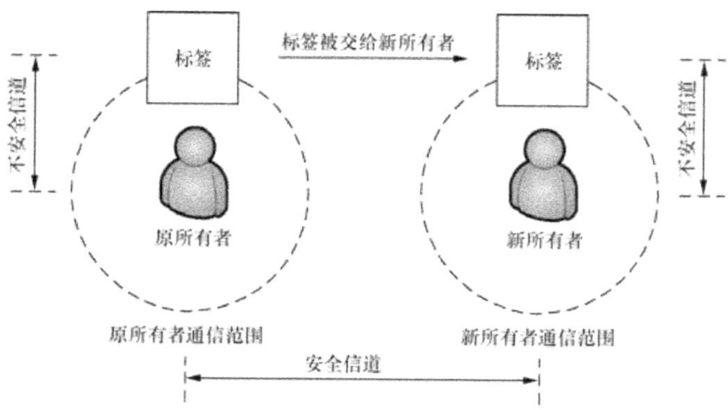

图 4-1 标签所有权转换模型

4.3 安全目标

在 RFID 标签所有权转换过程中，需要满足的安全目标通常包括以下几个方面。

（1）身份认证（Authentication，AU）

身份认证提供所有者身份的证明。对于标签和所有者来说，实现身份认证是很有必要的。有时它只需要单方面的验证，而有时则需要相互验证。前者通常指所有者验证标签。而双向验证是指所有者和标签相互验证彼此的身份。所有者和标签进行的大部分操作都是在认证的基础上完成的。

（2）抵抗重放攻击（Resistance to Replay Attack，RRA）

重放攻击是一种常见的网络攻击。在 RFID 系统中，通常指攻击者重放被窃听到的消息来向标签或所有者进行认证。它破坏了消息的新鲜性，可以通过在消息中加入新的随机数来抵抗这种攻击。

（3）抵抗中间人攻击（Resistance to Man-in-the-Middle Attack，RMMA）

中间人攻击同样是一种常见的网络攻击，在 RFID 系统中，指是攻击者在所有者和标签之间有一个独立的信道，通过截获和修改获得的信息并发送它们以此来向标签或所有者证明自己的身份。

（4）抵抗去同步化攻击（Resistance to Desynchronization Attack，RDA）

去同步化攻击在 RFID 系统中是一个比较特别的攻击方式。当所有者和标签需要更新密钥时，攻击者干扰标签和所有者之间的通信，使得标签和所有者中存储的密钥不同。也就是说，标签中存储的密钥已经更新了，而存储在所有者的密钥还没有更新，反之亦然。在遭受去同步化攻击时，标签和所有者不能进行成功的相互验证。

（5）位置隐私（Location Privacy，LP）

对于所有者而言，保证位置隐私是很重要的。贴有标签的物体每天被所有者携带着，攻击者可以利用标签来获得所有者的位置并对其进行跟踪。

（6）前向安全性（Forward Security，FS）

前向安全性是指新所有者在接收到原所有者的密钥时不能知道标签和原所有者之间的共享密钥。它要求原所有者与标签以一种单向的方式更新密钥。也就是说，新所有者不能从原所有者那里得知原所有者和标签之间的共享密钥。然后，原所有者发送更新过的密钥给新所有者。

（7）后向安全性（Backward Security，BS）

后向安全性是指原所有者不能从它自身存储的密钥中得到标签和新所有者之间的共享密钥。它要求新所有者在一个安全的环境下更新密钥。特别是原所有者不能窃听标签和新所有者之间的通信。新所有者用更新过的密钥与标签进行通信。

4.4 GNY 逻辑

GNY 逻辑是一种经常被用来分析协议安全性的逻辑分析方

法，具有直观、易行等特点。通常包括 GNY 逻辑公式、GNY 逻辑命题和 GNY 逻辑推理规则 3 部分。关于 GNY 逻辑公式、命题和推理规则，见文献[1-2]。

4.4.1　GNY 逻辑的公式

(X, Y)：公式 X、Y 的合取式。

$\{X\}_K$ 和 $\{X\}_K^{-1}$：利用对称密钥对消息 X 的加/解密。满足 $\{\{X\}_K\}_K^{-1}=X$，但不一定满足 $\{\{X\}_K^{-1}\}=X$。

$\{X\}_{+K}$ 和 $\{X\}_{-K}$：利用公开密钥算法对消息 X 的加/解密，前者表示公钥加密，后者表示私钥解密。对于某些私钥体制，满足 $\{\{X\}_{+K}\}_{-K}=X$；对于某些公钥体制，满足 $\{\{X\}_{-K}\}_{+K}=X$。

$H(X)$：消息 X 的单向函数值。

$F(X_1, X_2,\cdots, X_n)$：多对一映射的消息转换函数。

$*X$：公式 X 不是由此首发的。

$<S>$：秘密 S 的作用是进行身份认证。

$X\sim>C$：命题 C 是 X 的消息扩展。

4.4.2　GNY 逻辑的命题

$P\lhd X$：P 被告知公式 X，即某一主体向 P 发送了包含消息 X 的消息，P 接收到了 X（可能经过了一些计算，如解密得到）。

$P\ni X$：P 拥有 X。

$P|\sim X$：P 曾经发送了包含公式 X 的消息。

$P|\equiv\#(X)$：P 相信 X 是新鲜的。

$P|\equiv\varphi(X)$：P 相信 X 是可识别的，即 P 可通过 X 的内容及格式等识别 X。

$P|\equiv P\xleftrightarrow{S}Q$：$P$ 相信 S 是它与主体 Q 之间的一个共享秘密。

$P|\equiv|\xrightarrow{+K}Q$：$P$ 相信 $+K$ 是 Q 的公钥。

C_1，C_2：命题 C_1、C_2 的合取。

$P|\equiv C$：P 相信命题 C 成立。

$P|\Rightarrow X$：P 对 X 有仲裁权。

4.4.3 GNY 逻辑的推理公式

1. 被告知规则

T1：$\dfrac{P \lhd *X}{P \lhd X}$　　T2：$\dfrac{P \lhd (X,Y)}{P \lhd X}$

T3：$\dfrac{P \lhd \{X\}_K, P \ni K}{P \lhd X}$　　T4：$\dfrac{P \lhd \{X\}_{+K}, P \ni -K)}{P \lhd X}$

T5：$\dfrac{P \lhd F\{X,Y\}, P \ni X}{P \lhd X}$　　T6：$\dfrac{P \lhd \{X\}_{-K}, P \ni +K}{P \lhd X}$

2. 拥有规则

P1：$\dfrac{P \lhd X}{P \ni X}$　　P2：$\dfrac{P \ni X, P \ni Y}{P \ni (X,Y), P \ni F(X,Y)}$

P3：$\dfrac{P \ni (X,Y)}{P \ni X}$　　P4：$\dfrac{P \ni X}{P \ni H(X)}$

P5：$\dfrac{P \ni F(X,Y), P \ni X}{P \ni Y}$　　P6：$\dfrac{P \ni K, P \ni X}{P \ni \{X\}_K, P \ni \{X\}_K^{-1}}$

P7: $\dfrac{P \ni +K, P \ni X}{P \ni \{X\}_{+K}}$　　P8: $\dfrac{P \ni -K, P \ni X}{P \ni \{X\}_{-K}}$

3. 新鲜性规则

F1: $\dfrac{P|\equiv \#(X)}{P|\equiv \#(X,Y), P|\equiv \#(F(X))}$　　F2: $\dfrac{P|\equiv \#(X), P \ni K}{P|\equiv \#(\{X\}_K), P|\equiv \#(\{X\}_K^{-1})}$

F3: $\dfrac{P|\equiv \#(X), P \ni +K}{P|\equiv \#(\{X\}_{+K})}$　　F4: $\dfrac{P|\equiv \#(X), P \ni -K}{P|\equiv \#(\{X\}_{-K})}$

F5: $\dfrac{P|\equiv \#(+K)}{P|\equiv \#(-K)}$　　F6: $\dfrac{P|\equiv \#(-K)}{P|\equiv \#(+K)}$

F7: $\dfrac{P|\equiv \phi(X), P|\equiv \#(K), P \ni K}{P|\equiv \#(\{X\}_K), P|\equiv \#(\{X\}_K^{-1})}$

F8: $\dfrac{P|\equiv \phi(X), P|\equiv \#(+K), P \ni +K}{P|\equiv \#(\{X\}_{+K})}$

F9: $\dfrac{P|\equiv \phi(X), P|\equiv \#(-K), P \ni -K}{P|\equiv \#(\{X\}_{-K})}$　　F10: $\dfrac{P|\equiv \#(X), P \ni X}{P|\equiv \#(H(X))}$

F11: $\dfrac{P|\equiv \#(H(X)), P \ni H(X)}{P|\equiv \#(X)}$

4. 识别性规则

R1: $\dfrac{P|\equiv \phi(X)}{P|\equiv \phi(X,Y), P|\equiv \phi(F(X))}$　　R2: $\dfrac{P|\equiv \phi(X), P \ni K}{P|\equiv \phi(\{X\}_K), P|\equiv \phi(\{X\}_K^{-1})}$

R3: $\dfrac{P|\equiv \phi(X), P \ni +K}{P|\equiv \phi(\{X\}_{+K})}$　　R4: $\dfrac{P|\equiv \phi(X), P \ni -K}{P|\equiv \phi(\{X\}_{-K})}$

R5: $\dfrac{P|\equiv \phi(X), P \ni K}{P|\equiv \phi(H(X))}$　　R6: $\dfrac{P \ni H(X)}{P|\equiv \phi(X)}$

5. 消息解释规则

$$\text{I1:}\ \frac{P \lhd *\{X\}_K, P \ni K, P|\equiv P \overset{K}{\leftrightarrow} Q, P|\equiv \phi(X), P|\equiv \#(X,K)}{P|\equiv Q|\sim X, P|\equiv Q|\sim \{X\}_K, P|\equiv Q \ni K}$$

$$\text{I2:}\ \frac{P \lhd *\{X,<S>\}_{+K}, P \ni (-K,S), P|\equiv \overset{+K}{\mapsto} P, P|\equiv P \overset{S}{\leftrightarrow} Q, P|\equiv \phi(X,S), P|\equiv \#(X,S,+K)}{P|\equiv Q|\sim (X,<S>), P|\equiv Q|\sim \{X,<S>\}_{+K}, P|\equiv Q \ni +K}$$

$$\text{I3:}\ \frac{P \lhd *H\{X,<S>\}, P \ni (X,S), P|\equiv P \overset{S}{\leftrightarrow} Q, P|\equiv \#(X,S)}{P|\equiv Q|\sim (X,<S>), P|\equiv Q|\sim \{X,<S>\}}$$

$$\text{I4:}\ \frac{P \lhd H\{X\}_{-K}, P \ni +K, P|\equiv \overset{+K}{\mapsto} Q, P|\equiv \phi(X)}{P|\equiv Q|\sim X, P|\equiv Q|\sim \{X\}_{-K}}$$

$$\text{I5:}\ \frac{P \lhd \{X\}_{-K}, P \ni +K, P|\equiv \overset{+K}{\mapsto} Q, P|\equiv \phi(X), P|\equiv \#(X,K)}{P|\equiv Q \ni (-K,X)}$$

$$\text{I6:}\ \frac{P|\equiv Q|\sim X, P|\equiv \#(X)}{P|\equiv Q \ni X}$$

$$\text{I7:}\ \frac{P|\equiv Q|\sim (X,Y)}{P|\equiv Q|\sim X}$$

6. 仲裁规则

$$\text{J1:}\ \frac{P|\equiv Q|\Rightarrow C, P|\equiv Q|\equiv C}{P|\equiv C}$$

$$\text{J2:}\ \frac{P|\equiv Q|\Rightarrow Q|\equiv *, P|\equiv Q|\sim (X \sim> C),\ P|\equiv \#(X)}{P|\equiv Q|\equiv C}$$

$$\text{J3:}\ \frac{P|\equiv Q|\Rightarrow Q|\equiv *, P|\equiv Q|\equiv Q|\equiv C}{P|\equiv Q|\equiv C}$$

7. 扩展的消息解释规则

$$\text{I1}': \frac{P \lhd \{X\}_K, P \ni K, P |\equiv P \overset{K}{\leftrightarrow} Q, P |\equiv \phi(X), P |\equiv \otimes(P)}{P |\equiv Q |\sim X, P |\equiv Q |\sim \{X\}_K}$$

$$\text{I2}': \frac{P \lhd \{X, <S>\}_{+K}, P \ni (S, -K), P |\equiv \overset{+K}{\mapsto} P, P |\equiv P \overset{S}{\leftrightarrow} Q, P |\equiv \phi(X, S), P |\equiv \otimes(P)}{P |\equiv Q |\sim (X, <S>), P |\equiv Q |\sim \{X, <S>\}_{+K}}$$

$$\text{I3}': \frac{P \lhd \{X, <S>\}, P \ni (X, S), P |\equiv P \overset{S}{\leftrightarrow} Q, P |\equiv \phi(X, S), P |\equiv \otimes(P)}{P |\equiv Q |\sim (X, <S>), P |\equiv Q |\sim H(X, <S>)}$$

在采用 GNY 逻辑进行协议安全性分析时，通常包含 3 个阶段，即形式化描述阶段、初始化假设阶段和推理阶段。为了研究的方便，假设标签与所有者和 TTP 之间的信道是不安全的，而其他通信实体之间的信道是安全的。在本章中，在进行 GNY 逻辑分析时，“T”代表标签，“OO”代表标签的原所有者，“NO”代表标签的新所有者，“TTP”代表可信第三方。

4.5 RFID 标签授权访问和所有权转换协议

4.5.1 协议描述

本协议分为两个子协议，分别是授权子协议和所有权转换子协议[3]。其中，授权子协议用于向读写器授予对标签的临时访问权；当该临时授权到期后，需要重新获取授权；当标签的所有权发生变化时，使用所有权转换子协议将标签所有权转换给新所有者。为了研究的方便，认为标签与读写器和所有者之间的信道是不安全的信道，而其他信道是安全信道。

在系统初始化阶段，后端数据库与标签共享下列字段：k、k_u、k_{old}、k_{uold} 和 c。其中，k 为用于提供认证、授权等功能的密钥；k_u 为用于更新密钥的密钥；k_{old} 为上一次成功认证或授权时所采用的密钥，初始值为 k；k_{uold} 为上一次进行密钥更新时所采用的密钥，初始值为 k_u；c 为标签内计数器的值，初始值为 0，每次查询后都会加 1。

1. 授权子协议

在授权子协议中，后端数据库将标签的密钥 k 和最大允许访问次数（Access Number，AN）发送给授权读写器，并将 AN 发送给标签。读写器收到密钥后，可以与标签进行通信，每次通信后计数器的值 c 加 1。当 c 的值达到 AN 时，读写器需要重新向后端数据库申请授权。协议流程如图 4-2 所示。

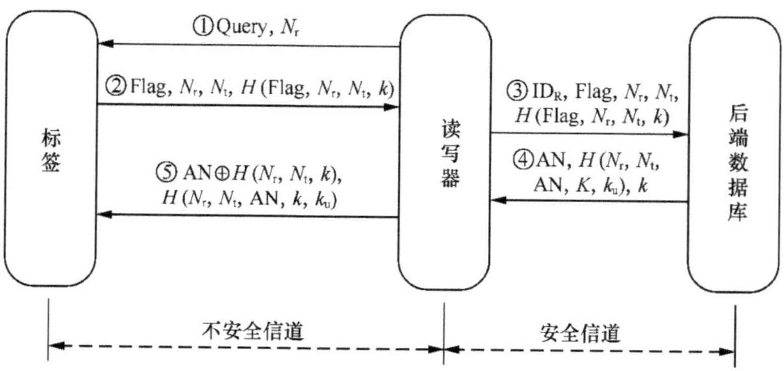

图 4-2　授权子协议

① 读写器发送查询请求 Query 和自己生成的随机数 N_r 给标签。

② 标签收到读写器发来的查询请求后，对计数器的值 c 加 1。若没有达到此前设定的最大值 AN，协议继续执行；若达到了设定的最大值，则终止协议执行，将 AN 的值设置为 0，并发送“授权已过期”信息给读写器，要求读写器再次进行认证授权。标签与后端数据库进行密钥更新，用于下一次的授权过程。

③ 标签生成一个随机数 N_t，计算 $H(N_r, N_t, k)$，设置标志位 Flag 为 0，并发送{Flag, N_r, N_t, $H(\text{Flag}, N_r, N_t, k)$}给读写器，其中“,”表示字符串的串联，“$H$”表示散列函数。

④ 读写器收到标签的回复后，添加上自己的身份信息 ID_R 后，转发给后端数据库。

⑤ 后端数据库在自己存储的数据项中搜索，以判断是否存在适当的 k'，使得 $H(\text{Flag}, N_r, N_t, k')$等于收到的 $H(\text{Flag}, N_r, N_t, k)$。若不存在这样的 k'，则认证失败，协议终止；若存在这样的 k'，且后端数据库允许该读写器拥有对该标签的访问权，则选取该读写器可以对标签进行访问的最大次数 AN，计算 $H(N_r, N_t, \text{AN}, k, k_u)$，将其和 AN、标签的密钥 k 发送给读写器，即{AN, $H(N_r, N_t, \text{AN}, k, k_u)$, k}。

⑥ 读写器收到后端数据库的回复后，得到标签的当前密钥 k 和 AN，可以使用该密钥与标签进行通信。发送 $\text{AN} \oplus H(N_r, N_t, k)$、$H(N_r, N_t, \text{AN}, k, k_u)$给标签，其中“$\oplus$”表示异或运算。

⑦ 标签收到后计算出 AN，验证收到的 $H(N_r, N_t, \text{AN}, k, k_u)$是否正确，以此来判断读写器是否收到了 k，以及 AN 是否被篡改。若通过检测，标签存储 AN，并可以使用 k 与读写器进行通信。

2. 所有权转换子协议

在所有权转换子协议中，为保护标签信息的前向安全，原所有者首先更新标签的密钥 k 和 k_u，然后将其通过安全信道发送给新所有者，新所有者无法获取更新前的密钥值。为保护标签信息的后向安全，新所有者需要在原所有者的通信范围之外更新标签中的密钥 k 和 k_u，使得原所有者无法获取新的密钥值。协议流程如图 4-3 所示。

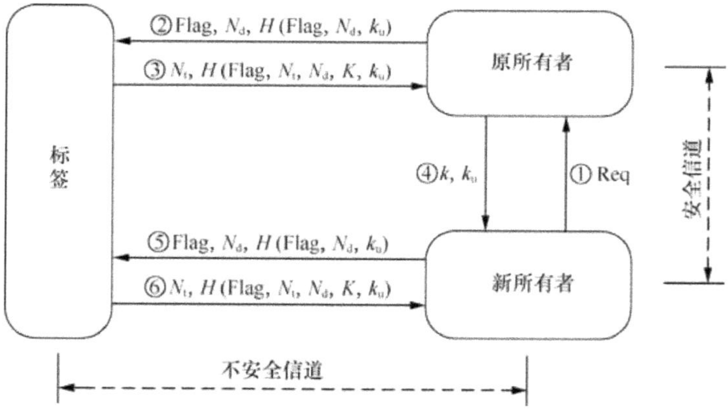

图 4-3　所有权转换子协议

① 当需要进行所有权转换时，由新所有者发起所有权转换申请 Req。原所有者同意该申请后，其后端数据库生成一个随机数 N_d，并计算 H(Flag, N_d, k_u)，其中 Flag 为 1，表示要进行密钥更新。发送{Flag, N_d, H(Flag, N_d, k_u)}给标签，然后更新自己存储的 k 和 k_u: $k_{uold} = k_u$, $k_u = H(k_u, k, N_d)$； $k_{old} = k$, $k = H(k, k_u, N_d)$。后端数据库在等待一段时间后，若没有收到标签发来的回复信息，则重发该消息。

② 标签收到后，分别用 k_{uold} 和 k_u 验证收到的 H (Flag, N_d, k_u) 是否正确。若两次验证中有一次正确，则生成一个新的随机数 N_t，

采用同样的方法更新密钥，然后计算 $H(\text{Flag}, N_t, N_d, k, k_u)$，将其与 N_t 一起发送给原所有者。

③ 原所有者收到标签的回复后，验证是否正确。若正确，则将更新后的 k 和 k_u 发送给新所有者。至此，新所有者获得了对该标签的访问权限，可以用该 k 和 k_u 与标签进行通信。新所有者采用同样的方法更新标签的密钥 k 和 k_u。

4.5.2 安全性分析

1. 授权子协议

（1）形式化表述

DPM1: $T \triangleleft *\text{Query}, *N_r$

DPM2: $R \triangleleft *\text{Flag}, N_r, *N_t, *H(\text{Flag}, N_r, N_t, k)$

DPM3: $D \triangleleft *\text{Flag}, *N_r, *N_t, *\text{ID}_R, *H(\text{Flag}, N_r, N_t, k)$

DPM4: $R \triangleleft *\text{AN}, *H(N_r, N_t, \text{AN}, k, k_u), *k$

DPM5: $T \triangleleft *\{\text{AN}\}_{H(N_r, N_t, k)}, *H(N_r, N_t, \text{AN}, k, k_u) \leadsto R \ni k$

（2）初始化假设

DPA1: $D \ni (k, k_u)$

DPA2: $D| \equiv T \xleftrightarrow{k} D$

DPA3: $D| \equiv \#k$

DPA4: $T \ni (k, k_u)$

DPA5: $T| \equiv T \xleftrightarrow{k} D$

DPA6: $T| \equiv \#N_t$

DPA7: $T| \equiv D \Rightarrow D| \equiv *$

DPA8: $T| \equiv D \Rightarrow R \ni k$

（3）分析过程

DPG1: $D| \equiv T \ni k$

推理：DPM3, DPA1, DPA2, DPA3, I3, I6

DPG2: $R \ni k$

推理：DPM4, T1, P1

DPG3: $R \ni AN$

推理：DPM4, T1, P1

DPG4: $T \ni AN$

推理：DPM5, DPA4, P6

DPG5: $T| \equiv D| \sim AN$

推理：DPM5, DPA4, DPA5, DPA6, I3

DPG6: $T| \equiv R \ni k$

推理：DPM5, DPA4, DPA5, DPA6, I3, DPA7, J2, DPA8, J1

2. 所有权转换子协议分析

（1）形式化表述

OTPM1: $OO \triangleleft *Req$

OTPM2: $T \triangleleft *Flag, *N_d, *H(Flag, N_d, k_u)$

OTPM3: $OO \triangleleft *N_t, *H(Flag, N_t, N_d, k, k_u)$

OTPM4: $NO \triangleleft *k, *k_u$

（2）初始化假设

OTPA1: $T \ni (k, k_u)$

OTPA2: $T| \equiv T \xleftrightarrow{k, k_u} OO$

OTPA3: $T| \equiv \#k_u$

OTPA4: $OO \ni (k, k_u)$

OTPA5: $OO| \equiv T \xleftrightarrow{k, k_u} OO$

OTPA6: $OO| \equiv \# k_u$

（3）分析过程

OTPG1: $T| \equiv OO \sim Flag$

推理：OTPM2, OTPA1, OTPA2, OTPA3, I3

OTPG2: $T| \equiv OO \ni k_u$

推理：OTPM2, OTPA1, OTPA2, OTPA3, I3, I6

OTPG3: $OO| \equiv T \ni (k, k_u)$

推理：OTPM3, OTPA4, OTPA5, OTPA6,I3, I6

OTPG4: $NO \ni k$

推理：OTPM4, T1, P1

OTPG5: $NO \ni k_u$

推理：OTPM4, T1, P1

4.6 基于随机排列函数的 RFID 标签所有权转换协议

4.6.1 协议描述

在初始化阶段，标签和所有者共享 3 个机密信息，分别是标签

的身份标识 ID、密钥 k_i 和秘密值 s_j。其中，下标 i 和 j 分别表示标签与所有者共享的第 i 个密钥和第 j 个秘密。在本协议中，通信的安全性依赖于标签中内置的两个轻量级的随机排列函数，分别用 F 和 P 表示。其中，F 函数是与所有者共享的随机排列函数，可以用线性反馈移位寄存器（Linear Feed-Back Shift Register，LFSR）[4] 实现，P 函数则基于物理防克隆函数（Physically Unclonable Function，PUF）[5]进行构建。利用 LFSR 可以构建具有良好统计特性的伪随机排列函数，如果该伪随机排列的种子值是秘密的，则其输出序列是无法预测的。PUF 的输出排列中由于嵌入了标签的物理信息，因而具有唯一性、不可克隆性、不可预测性和防篡改等安全属性。

本节所提出的标签所有权转换协议如图 4-4 所示[6]。

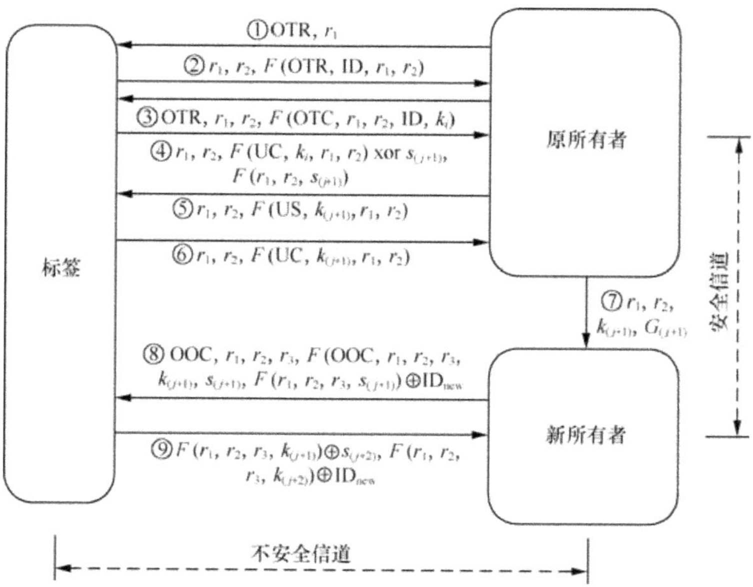

图 4-4　标签所有权转换协议

① 标签的原所有者发送所有权转换请求（Ownership Transfer Request，OTR）和一个随机数 r_1 给标签，即{OTR, r_1}。

② 标签收到消息后生成随机数 r_2，并发送{r_1, r_2, F(OTR, ID, r_1, r_2)}给原所有者。

③ 原所有者收到标签发来的消息后，在数据库中搜索是否存在适当的 ID，使其满足 F(OTR, ID, r_1, r_2)，以此来判断该消息是否需要进行所有权转换的标签发来的消息。若不是，则协议重新开始；若是，则通过对标签的认证，发送{OTR, r_1, r_2, F(OTC, r_1, r_2, ID, k_i)}给标签。其中，OTC 表示所有权转换命令（Ownership Transfer Command）。

④ 标签用自己的 ID 和 k_i 验证收到的 F(OTC, r_1, r_2, ID, k_i)是否正确。若不正确，则协议终止；若正确，则计算 $s_{(j+1)}=P(s_j)$，$k_{(i+1)}=F(s_{(j+1)})$，发送{ r_1, r_2, F(SUC, k_i, r_1, r_2) ⊕ $s_{(j+1)}$, $F(r_1, r_2, s_{(j+1)})$ }。其中，SUC 表示机密信息更新命令（Secret Update Command），符号“⊕”表示异或运算。

⑤ 若原所有者一直没有收到标签发来的消息，则从步骤①开始重新执行。若原所有者收到标签发来的消息，则用检索到的标签 ID 所对应的密钥 k_i 计算出 F(SUC, k_i, r_1, r_2)，进而求出 $s_{(j+1)}$，并用收到的 $F(r_1, r_2, s_{(j+1)})$检查计算出的 $s_{(j+1)}$是否正确，再由 $k_{(i+1)}=F(s_{(j+1)})$计算出 $k_{(i+1)}$。原所有者发送{ r_1, r_2, F(US, $k_{(i+1)}$, r_1, r_2)}给标签，其中 US 为更新成功（Update Success）标识。

⑥ 标签收到所有者发来的消息后，检查收到的 F(US, $k_{(i+1)}$, r_1, r_2)是否正确。若不正确，则协议终止；若正确，则发送{ r_1, r_2, F(UC, $k_{(i+1)}$, r_1, r_2)}给原所有者，其中 UC 为更新结束（Update Completed）

标识。

⑦ 若原所有者长时间未收到标签发来的更新结束消息，则从步骤①开始重新执行协议；若原所有者收到标签发来的更新结束消息，并确认该消息正确，则表明信息更新结束。原所有者通过安全的信道将密钥 $k_{(i+1)}$和秘密值 $s_{(j+1)}$发送给新所有者。

⑧ 新所有者收到原所有者发来的消息后，在原所有者的通信范围之外与标签进行通信。生成随机数 r_3 和标签的新身份标识 $\mathrm{ID_{new}}$，发送$\{\mathrm{OOC}, r_3, F(\mathrm{OOC}, r_3, k_{(i+1)}, s_{(j+1)}), F(r_3, s_{(j+1)}) \oplus \mathrm{ID_{new}}\}$给标签。其中，OOC 为所有权获取(Ownership Obtain Command)命令。

⑨ 标签收到根据 OOC 确定该消息是否新所有者请求获取所有权的消息，用自己存储的$\{k_{(i+1)}, s_{(j+1)}\}$验证 $F(\mathrm{OOC}, r_3, k_{(i+1)}, s_{(j+1)})$是否正确。若不正确，则协议终止；若正确，则通过对所有者的认证。标签生成随机数 r_4，计算 $F(r_3, r_4, s_{(j+1)})$，进而求出新所有者为标签分配的新的身份标识 $\mathrm{ID_{new}}$。标签计算 $s_{(j+2)}=P(s_{(j+1)})$，$k_{(i+2)}=F(k_{(i+1)}, s_{(j+2)})$，发送$\{r_4, F(r_3, r_4, k_{(i+1)}) \oplus s_{(j+2)}, F(r_3, r_4, k_{(i+2)}) \oplus \mathrm{ID_{new}}\}$。

⑩ 新所有者计算出 $F(r_3, r_4, k_{(i+1)})$，进而得到 $s_{(j+2)}$，并由 $k_{(i+2)}=F(k_{(i+1)}, s_{(j+2)})$得到新密钥 $k_{(i+2)}$。计算 $F(r_3, r_4, k_{(i+2)})$，以得到 $\mathrm{ID_{new}}$，确定标签获得了正确的 $\mathrm{ID_{new}}$。若标签获得的 $\mathrm{ID_{new}}$ 不正确，则返回步骤⑧重新开始。

4.6.2 安全性分析

考虑到 F 函数和散列函数在本协议中所起的作用类似，因此，在进行 GNY 分析时，用散列函数代替 F 函数。

（1）形式化描述

M1: $T \lhd *OTR, *r_1$

M2: $QO \lhd r_1, *r_2, *H(OTR, ID, r_1, r_2)$

M3: $T \lhd OTR, * r_1, r_2, *H(OTC, r_1, r_2, ID, k_i)$

M4: $QO \lhd r_1, * r_2, *H(SUC, k_i, r_1, r_2) \oplus s_{(j+1)}, *H(r_1, r_2, s_{(j+1)})$

M5: $T \lhd * r_1, r_2, *H(US, k_{(i+1)}, r_1, r_2)$

M6: $QO \lhd r_1, * r_2, *H(UC, k_{(i+1)}, r_1, r_2)$

M7: $T \lhd *OOC, *r_3, *H(OOC, r_3, k_{(i+1)}, s_{(j+1)}), *\{ID_{new}\}_{H(r_3, s_{(j+1)})}$

M8: $NO \lhd *\{s_{(j+2)}\}_{H(r_3, r_4, k_{(i+1)})}, *\{ID_{new}\}_{H(r_3, r_4, k_{(i+2)})}$

（2）初始化假设

A1: $QO | \equiv QO \xleftrightarrow{ID} T$

A2: $T | \equiv QO \xleftrightarrow{k_i} T$

A3: $NO | \equiv NO \xleftrightarrow{k_{(i+1)}} T$

A4: $NO | \equiv T \ni k_{(i+1)}$

A5: $NO | \equiv NO \xleftrightarrow{k_{(i+2)}} T$

（3）分析过程

G1: $QO | \equiv T \ni ID$

推理：由 M2, A1, I3, I6 得 G1

G2: $T | \equiv QO \ni k_i$

推理：由 M3, A2, I3, I6 得 G2

类似地，可以得到 G3, G4, G5。

G3: $T | \equiv QO \ni k_{(i+1)}$

G4: $QO | \equiv T \ni k_{(i+1)}$

G5: $T | \equiv NO \ni k_{(i+1)}$

G6: $T \ni ID_{new}$

推理：由 M7, P6 得 G6

G7: $NO| \equiv T \sim s_{(j+2)}$

推理：由 M8, A3, I1 得 G7

G8: $NO \ni k_{(i+2)}$

推理：由 M8, P6 和 $k_{(i+2)}$的生成方式得 G8

G9: $NO| \equiv T \ni k_{(i+2)}$

推理：由 G7, I6 得 $NO| \equiv T \ni s_{(j+2)}$；由 A4 和 $k_{(i+2)}$的生成方式得 G9

G10: $NO| \equiv T \ni ID_{new}$

推理：由 M8, A5, I1, I6 得 G10

4.7 支持密钥协商的标签所有权转换协议

4.7.1 协议描述

本节所提出的协议分为认证与密钥协商阶段（Authentication and Key Negotiation Phase，AKNP）、所有权转换阶段（Ownership Transfer Phase，OTP）和所有权转换异常恢复阶段（Ownership Transfer Exception Restoration Phase，OTERP）3 个阶段[7]。在协议执行过程中，需要根据 status 位的值确定要执行的操作。status 位

的值为 00、10 和 11，分别对应的操作是认证与密钥协商、所有权转换和所有权转换异常处理。

在读写器与标签的通信过程中，当前所有者（Current Owner, CO，即原所有者）与标签首先进行双向认证，然后可以根据需要分别进行所有权转换及异常恢复等操作。认证与密钥协商阶段流程如图 4-5 所示。

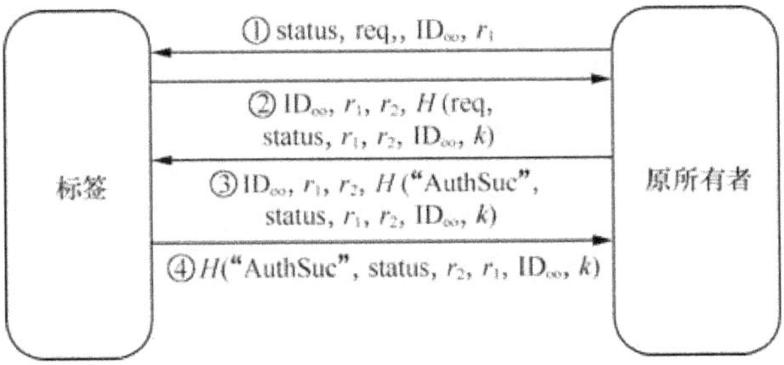

图 4-5　认证与密钥协商阶段流程

① 原所有者生成随机数 r_1，通过读写器发送状态标识码 status、通信请求 req、自己的身份标识 ID$_{OO}$ 和 r_1 给标签，即{status, req, ID$_{OO}$, r_1}，其中 status=00。

② 标签收到当前所有者发来的消息后，将 ID$_{OO}$ 与自己存储的所有者身份信息进行对比。若一致，则检查 status 值，确定要进行认证和密钥协商。生成随机数 r_2，计算 H(req, status, r_1, r_2, ID$_{OO}$, k)，发送{ID$_{OO}$, r_1, r_2, H(req, status, r_1, r_2, ID$_{OO}$, k)}给读写器，由读写器将其转发给原所有者。其中，k 是标签与当前所有者共享的密钥值。

③ 原所有者收到读写器转发来的消息后，在自己的数据库中搜索是否存在合适的密钥 k，满足 H(req, status, r_1, r_2, ID$_{OO}$, k)。若存在这样的 k 值，则通过对标签的认证；否则，协议终止。原所有者计

算并发送$\{ID_{OO}, r_1, r_2, H(\text{“AuthSuc”}, status, r_1, r_2, ID_{OO}, k)\}$给读写器，由其转发给标签。其中“AuthSuc”为一个字符串。原所有者将$H(status, r_1, r_2, ID_{OO}, k)$设置为自己与标签的会话密钥（Session Key，SK）。

④ 标签收到读写器转发来的消息后，验证收到的$H(\text{“AuthSuc”}, status, r_1, r_2, ID_{OO}, k)$是否正确。若正确，则通过对原所有者的认证；若不正确，则协议终止。标签计算$H(status, r_1, r_2, ID_{OO}, k)$，并将其设置为自己与原所有者的会话密钥，发送$H(\text{“AuthSuc”}, status, r_2, r_1, ID_{OO}, k)$给原所有者。

在认证成功后，进入所有权转换及异常恢复阶段。所有权转换协议流程如图 4-6 所示。

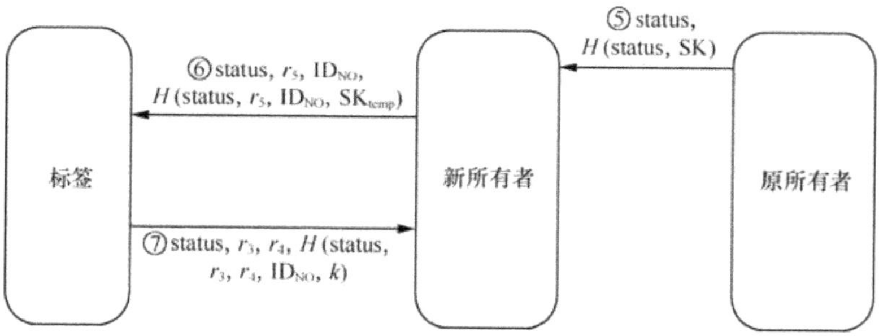

图 4-6　所有权转换阶段流程

⑤ 若原所有者需要将对标签的所有权转换给新所有者，通过安全的信道将$\{status, H(status, SK)\}$发送给新所有者。新所有者收到后，将$H(status, SK)$作为$SK_{temp}$。生成随机数$r_3$，发送$\{status, r_3, ID_{NO}, H(status, r_3, ID_{NO}, SK_{temp})\}$给标签，其中，status=10。需要注意的是，新所有者与标签之间的通信需要在 CO 的通信范围之外进行，以防止原所有者的监听。设置临时密钥值$k_{temp}=H(SK_{temp}, status, r_3, ID_{NO})$，为新所有者与标签新的共享密钥。

⑥ 标签收到后，检查 status 值，确定要进行所有权转换。用自己存储的 SK 检查收到的 $H(\text{status}, r_3, \text{ID}_{\text{NO}}, \text{SK}_{\text{temp}})$是否正确。若正确，则计算 $H(\text{SK}_{\text{temp}}, \text{status}, r_3, \text{ID}_{\text{NO}})$，将其值设置为密钥 k，生成随机数 r_4，发送{status, r_3, r_4, $H(\text{status}, r_3, r_4, \text{ID}_{\text{NO}}, k)$ }给新所有者。

⑦ 新所有者收到标签发来的消息后，用 k_{temp} 的值作为 k，检查收到的 $H(\text{status}, r_5, r_6, \text{ID}_{\text{NO}}, k)$是否正确。若正确，则设置 $k=k_{\text{temp}}$。

⑧ 若不正确或新所有者长时间没有收到标签的回复，则说明双方并未完成密钥协商。新所有者再次生成一个新的随机数 r_7，发送{status, r_7, ID_{NO}, $H(\text{status}, r_7, \text{ID}_{\text{NO}}, \text{SK}_{\text{temp}})$}给标签，其中，status=11。新所有者设置临时密钥值 $k_{\text{temp}}=H(SK_{\text{temp}}, \text{status}, r_7, \text{ID}_{\text{NO}})$，并且一直重复该步骤中的操作，直至收到标签符合要求的回复。

标签收到新所有者发来的消息后，通过检查 status 位得知上一次的密钥协商没有完成，按照所有权转换协议的流程继续执行，直至双方完成密钥更新。

4.7.2　安全性分析

1. 认证与密钥协商阶段

（1）协议形式化表述

AKNPM1: $T \lhd *\text{status}, *\text{req}, *\text{ID}_{\text{OO}}, *r_1$

AKNPM2: $CO \lhd \text{ID}_{\text{OO}}, r_1, *r_2, *H(\text{req}, \text{status}, r_1, r_2, \text{ID}_{\text{OO}}, k)$

AKNPM3: $T \lhd *\text{ID}_{\text{OO}}, *r_1, r_2, *H(\text{"AuthSuc"}, \text{status}, r_1, r_2, \text{ID}_{\text{OO}}, k) \rightsquigarrow (CO \ni SK, CO | \equiv CO \xleftrightarrow{SK} T)$

AKNPM4: $CO \lhd H(\text{"AuthSuc"}, \text{status}, r_2, r_1, \text{ID}_{\text{OO}}, k) \rightsquigarrow T \ni SK$

（2）初始化假设

AKNPA1: $\text{CO} \ni k$

AKNPA2: $\text{CO} \ni r_1$

AKNPA3: $\text{CO}| \equiv \# r_1$

AKNPA4: $\text{CO}| \equiv \text{CO} \xleftrightarrow{k} \text{T}$

AKNPA5: $\text{T} \ni k$

AKNPA6: $\text{T} \ni r_2$

AKNPA7: $\text{T}| \equiv \# r_2$

AKNPA8: $\text{T}| \equiv \text{CO} \xleftrightarrow{k} \text{T}$

AKNPA9: $\text{T}| \equiv \text{CO}| \Rightarrow \text{CO}| \equiv *$

AKNPA10: $\text{T}| \equiv \text{CO}| \Rightarrow \text{CO} \ni \text{SK}$

AKNPA11: $\text{CO}| \equiv \text{T}| \Rightarrow \text{T}| \equiv *$

AKNPA12: $\text{CO}| \equiv \text{T}| \Rightarrow \text{T} \ni \text{SK}$

AKNPA13: $\text{T}| \equiv \text{CO}| \Rightarrow \text{T} \xleftrightarrow{\text{SK}} \text{CO}$

（3）分析过程

AKNPG1: $\text{CO}| \equiv \text{T} \ni k$

推理：AKNPM2, AKNPA1, AKNPA2, AKNPA3, AKNPA4, I3, I6

AKNPG2: $\text{T}| \equiv \text{CO} \ni k$

推理：AKNPM1，AKNPM3，AKNPA5，AKNPA6，AKNPA7，AKNPA8, I3, I6

AKNPG3: $\text{T}| \equiv \text{CO} \ni \text{SK}$

推理：AKNPM1，AKNPM3，AKNPA5，AKNPA6，AKNPA7，AKNPA8, I3, AKNPA9, J2, AKNPA10, J1

AKNPG4: $\text{CO}| \equiv \text{T} \ni \text{SK}$

推理：AKNPA4, I3, AKNPA11, J2, AKNPA12, J1

AKNPG5: $T|\equiv T \xleftrightarrow{SK} CO$

推理：AKNPM1，AKNPM3，AKNPA5，AKNPA6，AKNPA7，AKNPA8, I3, AKNPA9, J2, AKNPA9, J3, AKNPA13, J1

AKNPG6: $T|\equiv \#SK$

推理：AKNPA7, F1, F10

AKNPG7: $CO|\equiv \#SK$

推理：类似于 AKNPG6

2. 所有权转换及异常恢复阶段

在分析所有权转换阶段的安全性时，为了有所区别，将标签与新所有者协商出的共享密钥表示为 k_{new}。

（1）形式化表述

OTPM1: $T \lhd *status, *r_3, *ID_{NO}, *H(status, r_3, ID_{NO}, SK_{temp}) \leadsto (CO \sim status, NO \ni k_{new})$

OTPM2: $NO \lhd status, *r_4, *H(status, r_3, r_4, ID_{NO}, k_{new})$

（2）初始化假设

OTPA1: $T \ni SK$

OTPA2: $T|\equiv \#SK$

OTPA3: $T|\equiv T \xleftrightarrow{SK_{temp}} NO$

OTPA4: $T|\equiv NO| \Rightarrow NO|\equiv *$

OTPA5: $T|\equiv NO| \Rightarrow CO \sim status$

OTPA6: $NO \ni k_{new}$

OTPA7: $NO|\equiv \#r_3$

OTPA9: $NO|\equiv NO \xleftrightarrow{k_{new}} T$

OTPA10: $T|\equiv NO|\Rightarrow NO \ni k_{new}$

（3）分析过程

OTPG1: $T|\equiv NO \sim status$

推理：OTPM1, OTPA1, OTPA2, OTPA3, OTPM1, I3, I7

OTPG2: $T|\equiv NO \ni SK_{temp}$

推理：OTPM1, OTPA1, OTPA2, OTPA3, OTPM1, I3, I6

OTG3: $T|\equiv CO\sim status$

推理：OTPM1, OTPA1, OTPA2, OTPA3, OTPM1, I3, OTPA4, J2, OTPA5, J1

OTG4: $T|\equiv NO \ni k_{new}$

推理：OTPM1, OTPA1, OTPA2, OTPA3, OTPM1, I3, OTPA4, J2, OTPA10, J1

OTPG5: $NO|\equiv T \ni k_{new}$

推理：OTPA6, OTPM2, OTPM1, OTPA9, I3, OTPA7, I6

4.8 具备原所有者无关性的 RFID 标签所有权转换协议

4.8.1 协议描述

本节所提出的协议中包含标签、原所有者、新所有者和可信第三方 4 个通信实体。在可信第三方的参与下，原所有者将标签的所有权交给新所有者。协议流程如图 4-7 所示[8]。

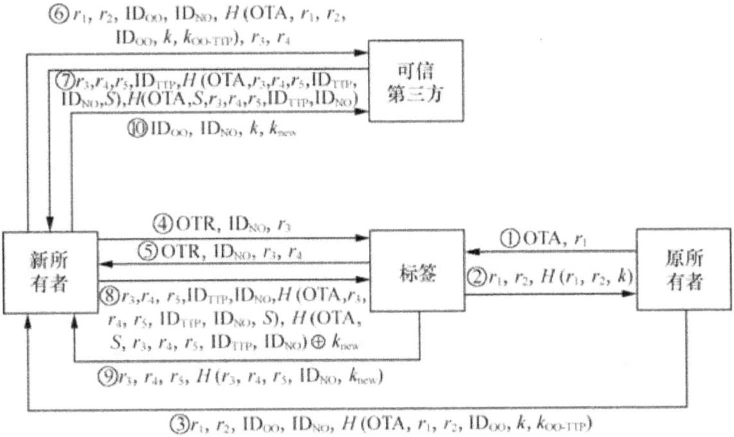

图 4-7　协议流程

① 原所有者生成随机数 r_1，向标签发送{OTA, r_1}。其中 OTA 为所有权转换允许（Ownership Transfer Allowance），表示将要进行所有权转换过程。

② 标签收到消息后生成随机数 r_2，发送{r_1, r_2, $H(r_1, r_2, k)$}给原所有者。

③ 原所有者收到标签发来的消息后，检查 $H(r_1, r_2, k)$是否正确。若不正确，则协议从步骤①重新开始；若正确，则通过对标签的认证，发送{r_1, r_2，ID_{OO}, ID_{NO}, $H(OTA, r_1, r_2, k, k_{OO\text{-}TTP})$}给新所有者。

④ 新所有者生成随机数 r_3，并将其与所有权转换申请（Ownership Transfer Request，OTR）一起发给标签，即{OTR, ID_{NO}, r_3}。

⑤ 标签收到{OTR, ID_{NO}, r_3}后，生成随机数 r_4，发送{OTR, ID_{NO}, r_3, r_4}给新所有者。

⑥ 新所有者将$\{r_1, r_2, ID_{OO}, ID_{NO}, H(OTA, r_1, r_2, k, k_{OO\text{-}TTP}), r_3, r_4\}$发送给 TTP。

⑦ TTP 收到新所有者发来的消息后，检查该消息是否正确。若不正确，则认为新所有者并未被授权获取对标签的所有权，协议终止；若正确，则认为原所有者同意将对标签的所有权转交给新所有者。TTP 生成随机数 r_5，发送$\{r_3, r_4, r_5, ID_{TTP}, H(OTA, r_3, r_4, r_5, ID_{TTP}, ID_{NO}, S), H(OTA, S, r_3, r_4, r_5, ID_{TTP}, ID_{NO})\}$给新所有者。

⑧ 新所有者收到 TTP 发来的消息后，为标签生成新的密钥 k_{new}。发送$\{r_3, r_4, r_5, ID_{TTP}, ID_{NO}, H(OTA, r_3, r_4, r_5, ID_{TTP}, ID_{NO}, S), H(OTA, S, r_3, r_4, r_5, ID_{TTP}, ID_{NO}) \oplus k_{new}\}$给标签。

⑨ 标签收到 TTP 发来的消息后，检查该消息的新鲜性及正确性。若不正确，则终止协议；若正确，则认为原所有者同意将所有权转交给新所有者，计算出$H(OTA, S, r_3, r_4, r_5, ID_{TTP}, ID_{NO})$，并进一步得到$k_{new}$。标签存储$ID_{NO}$和$k_{new}$，发送$\{r_3, r_4, r_5, H(r_3, r_4, r_5, ID_{NO}, k_{new})\}$给新所有者。

⑩ 若新所有者长时间没有收到标签的回复，或收到的消息$\{r_3, r_4, r_5, H(r_3, r_4, r_5, ID_{NO}, k_{new})\}$不正确，则从步骤④重新开始执行，要求进行所有权转换；若收到的消息正确，则认为标签已经收到了 k_{new}，所有权转换过程完成，可以使用 k_{new} 与标签进行通信，发送$\{ID_{NO}, ID_{NO}, k, k_{new}\}$给 TTP。

4.8.2 安全性分析

（1）形式化描述

M1: $T \lhd *OTA, *r_1$

M2: $OO \lhd r_1, *r_2, *H(r_1, r_2, k)$

M3: $NO \lhd *r_1, *r_2, *ID_{OO}, *ID_{NO}, *H(OTA, r_1, r_2, k, k_{OO\text{-}TTP})$

M4: $T \lhd *OTR, *ID_{NO}, *r_3$

M5: $NO \lhd OTR, ID_{NO}, r_3, *r_4$

M6: $TTP \lhd *r_1, *r_2, *ID_{OO}, *ID_{NO}, *H(OTA, r_1, r_2, k, ID_{OO}, k_{OO\text{-}TTP}), *r_3, *r_4$

M7: $NO \lhd r_3, *r_4, *r_5, *ID_{TTP}, *H(OTA, r_3, r_4, r_5, ID_{TTP}, ID_{NO}, S), *H(OTA, S, r_3, r_4, r_5, ID_{TTP}, ID_{NO})$

M8: $T \lhd *r_3, r_4, *r_5, *ID_{TTP}, *ID_{NO}, *H(OTA, r_3, r_4, r_5, ID_{TTP}, ID_{NO}, S) \sim> OO \sim OTA, *\{k_{new}\}_{H(OTA, S, r_3, r_4, r_5, ID_{TTP}, ID_{NO})}$

M9: $NO \lhd r_3, *r_4, *r_5, *H(r_3, r_4, r_5, ID_{NO}, k_{new})$

M10: $TTP \lhd *ID_{NO}, *k, *k_{new}$

（2）初始化假设

A1: $OO| \equiv OO \xleftrightarrow{k} T$

A2: $OO| \equiv \#r_1$

A3: $OO \ni k$

A4: $T| \equiv T \xleftrightarrow{S} TTP$

A5: $T| \equiv \#r_4$

A6: $T \ni S$

A7: $T| \equiv |TTP \Rightarrow TTP| \equiv *$

A8: $T| \equiv |TTP \Rightarrow OO \sim OTA$

A9: $NO| \equiv NO \xleftrightarrow{k_{new}} T$

A10: $NO| \equiv \#r_3$

A11: $NO \ni k_{new}$

（3）分析过程

G1: $OO| \equiv T \ni k$

推理：M2, A1, A2, A3, I3, I6

G2: $T| \equiv TTP \ni S$

推理：M8, A4, A5, A6, I3, I6

G3: $T| \equiv OO \sim OTA$

推理：M8, A4, A5, A6, I3, A7, J2, A8, J1

G4: $T \ni k_{new}$

推理：M8, A6, P6

G5: $NO| \equiv T \ni k_{new}$

推理：M9, A9, A10, I3, I6

4.9 带有转换开关的 RFID 标签所有权转换协议

4.9.1 协议描述

在本协议中，标签与所有者共享两个密钥：k_{2n-1} 和 k_{2n}(n=1，2，3,…)。这两个密钥不仅在数值上相互独立，而且在存储和使用方面也相互独立。其中，k_{2n-1} 用于原所有者和标签进行认证通信和打开所有权转换开关（Ownership Transfer Switch，OTS），并不直接参与所有权转换过程。k_{2n} 用于新所有者和标签进行所有权转换。在进行所有权转换时，需要将 k_{2n} 发送给新所有者，因此，在原所有者与标签的通信中不使用 k_{2n}，以保护标签信息的前向安全。在进行所有权转换后，新所有者需要与标签协商出新的密钥，以保护标签信息的后向安全。

在标签中设置一个 OTS，其取值为 0 或 1。当标签确定所有者允许进行所有权转换时，将 OTS 设置为 1，即将所有权转换开关打开；当所有权转换过程结束时，标签将 OTS 设置为 0，即将所有权转换开关关闭。协议流程如图 4-8 所示[9]。

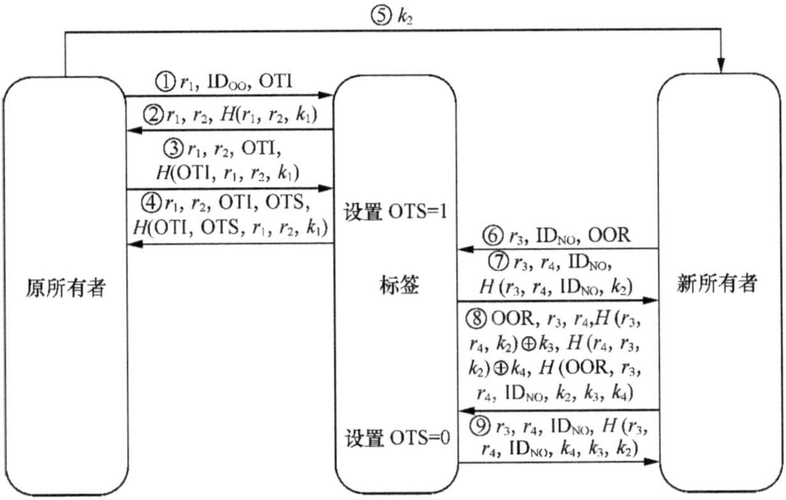

图 4-8　协议流程

① 原所有者向标签发送$\{r_1, ID_{OO}, OTI\}$。其中 r_1 为原所有者生成的随机数，OTI 为所有权转换指令（Ownership Transfer Instruction，OTI），指示标签要进行所有权转换。

② 标签检查收到的 ID_{OO} 是否与自己存储的 ID_{OO} 一致。若不一致，协议终止；若一致，则发送{ $r_1, r_2, H(r_1, r_2, k_1)$}给原所有者。其中 r_2 为标签生成的随机数。

③ 原所有者收到标签发来的消息后，检查 $H(r_1, r_2, k_1)$是否正确。若不正确，则协议终止；若正确，则通过对标签的认证，发送{r_1, r_2, OTI, H(OTI, r_1, r_2, k_1)}给标签。

④ 标签收到原所有者发来的消息后，检查 H(OTI, r_1, r_2, k_1)是否正确。若不正确，则协议终止；否则，通过对原所有者的认证，并且认为原所有者要将所有权转交给其他实体，将 OTS 设置为 1，发送{r_1, r_2, OTI, OTS, H(OTI, OTS, r_1, r_2, k_1)}给原所有者。

⑤ 原所有者收到标签发来的消息后，检查收到的 H(OTI, OTS, r_1, r_2, k_1)是否正确。若不正确，则协议终止；若正确，则认为标签已经打开 OTS，可以进行所有权转换，将密钥 k_2 发送给新所有者。

⑥ 新所有者收到后，在原所有者的通信范围之外与标签进行通信，发送{r_3, ID_{NO}, OOR}给标签。其中，r_3 为新所有者生成的随机数，OOR 为所有权获取请求（Ownership Obtain Request）。

⑦ 标签收到新所有者的请求后，检查所有权转换开关是否已经打开。若没有打开，则发送获取失败消息（Ownership Obtain Failure，OOF）给新所有者；若所有权转换开关已经打开，生成随机数 r_4，发送{ r_3, r_4, ID_{NO}, $H(r_3, r_4, ID_{NO}, k_2)$}给新所有者。

⑧ 新所有者若收到 OOF 消息，意味着 OTS 并未打开。新所有者需要检查是否此前已经与标签进行过所有权转换过程，并使用密钥 k_3 和 k_4 与标签进行通信。如果新所有者此前并未与标签进行所有权转换过程，则通知原所有者标签中的 OTS 没有打开，需要

原所有者再次从本协议步骤①开始执行，以打开标签所有权转换开关。若新所有者收到$\{r_3, r_4, ID_{NO}, H(r_3, r_4, ID_{NO}, k_2)\}$，则检查收到的$H(r_3, r_4, ID_{NO}, k_2)$是否正确。若不正确，则协议终止；若正确，则通过对标签的认证。生成新密钥 k_3 和 k_4，发送$\{OOR, r_3, r_4, H(r_3, r_4, k_2) \oplus k_3, H(r_4, r_3, k_2) \oplus k_4, H(OOR, r_3, r_4, ID_{NO}, k_2, k_3, k_4)\}$给标签。

⑨ 标签收到后分别计算出 $H(r_3, r_4, k_2)$和 $H(r_4, r_3, k_2)$，进而求出 k_3 和 k_4，并用收到的 $H(OOR, r_3, r_4, ID_{NO}, k_2, k_3, k_4)$检查计算出的 k_3 和 k_4 是否正确。若不正确，则协议终止；若正确，则存储 k_3、k_4 和 ID_{NO}，将 ID_{NO} 作为当前所有者的身份标识，发送$\{r_3, r_4, ID_{NO}, H(r_3, r_4, ID_{NO}, k_4, k_3, k_2)\}$给新所有者，并将 OTS 设置为 0。

⑩ 若新所有者长时间没有收到标签发来的确认消息，或收到的确认消息不符合要求，则返回步骤⑥重新进行密钥分配过程；若新所有者收到标签的回复，且收到的 $H(r_3, r_4, ID_{NO}, k_4, k_3)$正确，则表明所有权转换过程已经完成，新所有者可以使用密钥 k_3、k_4 与标签进行通信。

4.9.2 安全性分析

（1）形式化描述

M1: $T \triangleleft *r_1, *ID_{OO}, *OTI$

M2: $OO \triangleleft r_1, *r_2, *H(r_1, r_2, k_1)$

M3: $T \triangleleft *r_1, r_2, *OTI, *H(OTI, r_1, r_2, k_1)$

M4: $OO \triangleleft r_1, *r_2, OTI, *OTS, *H(OTI, OTS, r_1, r_2, k_1)$

M5: $T \triangleleft *r_3, *ID_{NO}, *OOR$

M6: NO $\triangleleft$ r_3, $*r_4$, ID_{NO}, $*H(r_3, r_4, ID_{NO}, k_2)$

M7: T $\triangleleft$ $*OOR$, $*r_3$, r_4, $*\{k_3\}_{H(r_3,r_4,k_2)}$, $*\{k_4\}_{H(r_4,r_3,k_2)}$, $*H(OOR, r_3, r_4, ID_{NO}, k_2, k_3, k_4)$

M8: NO $\triangleleft$ r_3, $*r_4$, ID_{NO}, $*H(r_3, r_4, ID_{NO}, k_4, k_3, k_2)$

（2）初始化假设

A1: OO $\ni k_1$

A2: OO$|\equiv$OO $\xleftrightarrow{k_1}$ T

A3: OO$|\equiv \# r_1$

A4: T $\ni k_1, k_2$

A5: T$|\equiv$T $\xleftrightarrow{k_1}$ OO

A6: T$|\equiv \# r_2$

A7: NO $\ni k_2, k_3, k_4$

A8: NO$|\equiv$NO $\xleftrightarrow{k_2}$ T

A9: NO$|\equiv \# r_3$

A10: T$|\equiv$T $\xleftrightarrow{k_2}$ NO

A11: T$|\equiv \# r_4$

（3）分析过程

G1: OO$|\equiv$T $\ni k_1$

推理：M2, A1, A2, A3, I3, I6

G2: T$|\equiv$OO $\ni k_1$

推理：M3, A4, A5, A6, I3, I6

G3: T$|\equiv$OO~OTI

推理：M3, A4, A5, A6, I3

G4: OO$|\equiv$T~OTS

推理：M4, A1, A2, A3, I3

G5: $NO|\equiv T \ni k_2$

推理：M6, A7, A8, A9, I3, I6

G6: $T \ni k_3$

推理：M7, A4, P6

G7: $T \ni k_4$

推理：M7, A4, P6

G8: $T|\equiv NO \ni (k_2, k_3, k_4)$

推理：M7, A4, G6, G7, A10, A11, I3, I6

G9: $NO|\equiv T \ni (k_3, k_4)$

推理：M8, A7, A8, A9, I3, I6

4.10 标签群组所有权转换协议

4.10.1 协议描述

在某些情况下，需要同时转换一组标签的所有权。一组可能包含 m 个标签。很多所有权转换协议都是基于单标签的。如果原所有者一个接一个的向新所有者转移所有权，这将耗费很多时间。m 个标签同时转换所有权会消耗 m 次的时间。在本节中，为多个标签提出一个安全群组所有权转换协议。原所有者向新所有者同时转换一组标签的所有权，这样就大大提高了效率。假设原所有者有 n

组，每组有 m 个标签，如图 4-9 所示[10]。

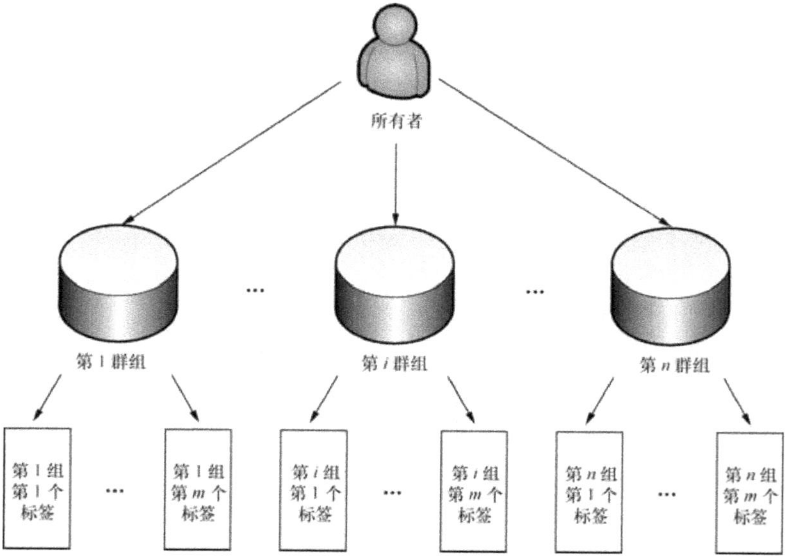

图 4-9　所有者与标签之间的关系

标签被分配一个密钥 k 和一组身份标识 GID。在同一组的标签的身份标识相同，而每个标签的密钥都不同。本协议中还用到了下列符号。

$k_{i\text{-}p}$：第 i 个标签的第 p 个密钥。

$\text{GID}_{i\text{-}q}$：第 j 组第 q 个身份标识。

status：一个 2 个字节的长度标记位，初始值为 00。

协议描述的过程如图 4-10 所示。

① 原所有者生成随机数 r_1 并将{GOTR, r_1, ID_{OO}, H(GOTR, r_1, ID_{OO}, $\text{GID}_{j\text{-}1}$)}传给标签，GOTR 是群组所有权转换的请求。

② 标签检验状态位的值。如果它的值是 01 或者 10，标签则

认为它遭受重放攻击或原所有者没有在合适的时间范围内收到正确的响应，标签会重新发送消息。如果状态位的值是 00，标签则检验 ID_{OO} 是否来自当前的所有者；如果不是当前所有者，协议终止，否则标签通过自身存储的 ID_{OO} 和 GID 检验收到的消息是否正确。如果不正确，标签生成一个随机字符串并发送给原所有者。另外，设置它的状态位为 01 并对 GID 和 k 作出如下更新。$GID_{j-2}=H(GID_{j-1}, r_1, GOTR)$，$k_{i-2}=H(k_{i-1}, r_1, GOTR)$。

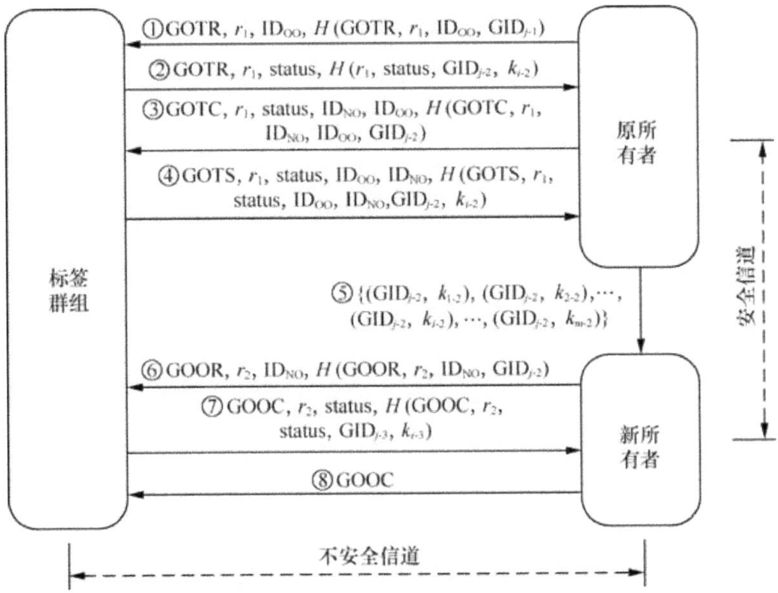

图 4-10　协议流程

标签发送{GOTR, r_1, status, $H(r_1$, status, GID_{j-2}, $k_{i-2})$}给原所有者。值得注意的是，这一步要求多个标签同时进行。这是一个重要的特点，且反映了该协议是一个群组所有权转换协议。

③ 如果原所有者没有在合适的时间范围内从所有标签中收到

正确的响应，它将从步骤①重新开始该协议。原所有者用同样地方式更新 $GID_{j\text{-}2}$ 和 $k_{i\text{-}2}$，并检验接收到的消息是否正确。然后，原所有者发送{GOTC, r_1, status, ID_{NO}, ID_{OO}, H(GOTC, r_1, status, ID_{NO}, ID_{OO}, $GID_{j\text{-}2}$)}给标签，其中 GOTC 是一个群组所有权转换的命令。

④ 标签检验接收到的消息是否正确。如果不正确，则协议终止；否则，设置状态位为 10，并用 ID_{NO} 替换 ID_{OO}。发送{GOTS, r_1, status, ID_{OO}, ID_{NO}, H(GOTS, r_1, status, ID_{OO}, ID_{NO}, $GID_{j\text{-}2}$, $k_{i\text{-}2}$)}给原所有者，其中 GOTS 是群组所有权成功的字符串。

⑤ 如果消息正确，原所有者认为标签准备进行所有权转换；否则，原所有者从步骤①重新开始知道它在规定的时间内接收到群组内所有标签的正确响应。原所有者以一个安全的方式在它验证所有标签都准备进行所有权转换之后，发送{($GID_{j\text{-}2}$, $k_{1\text{-}2}$), ($GID_{j\text{-}2}$, $k_{2\text{-}2}$),⋯, ($GID_{j\text{-}2}$, $k_{i\text{-}2}$),⋯, ($GID_{j\text{-}2}$, $k_{m\text{-}2}$)}给新所有者。

⑥ 在新所有者从原所有者接收到消息后，新所有者生成随机数 r_2 并发送{GOOR, r_2, ID_{NO}, H(GOOR, r_2, ID_{NO}, $GID_{j\text{-}2}$)}给标签，GOOR 是一组所有权获得请求。

⑦ 标签检查它的状态。如果状态位为 00 或者 01，则标签发送{GOOF}给新所有者，GOOF 是一组所有权获取失败的字符串。如果状态位是 11，它不发送请求。如果状态位的值是 10，则标签检查收到的消息是否正确。如果不正确，则协议终止；否则标签按以下方式更新 GID 和 k：$GID_{j\text{-}3}=H(GID_{j\text{-}2}, r_2, \text{GOOR})$；$k_{i\text{-}3}=H(k_{i\text{-}2}, r_2, \text{GOOR})$。

标签设置状态位为 11 并发送{GOOC, r_2, status, H(GOOC, r_2, status, $GID_{j\text{-}3}$, $k_{i\text{-}3}$)}给新所有者，GOOC 是一组所有权完成的字符串。

⑧ 新所有者将重新发送消息，直到群组中所有标签在规定时间内发送了正确的响应。它用同样的方式更新 $GID_{j\text{-}3}$ 和 $k_{i\text{-}3}$，并检查接收的消息是否正确。如果正确，则意味着标签已经完成了所有权转换。新所有者发送{GOOC}给标签，直到群组内所有标签都完成了所有权的转换。

截至目前，新所有者获得了群组中标签的所有权，所有权转换过程完成。

4.10.2　安全性分析

（1）协议消息的形式化描述

M1: $T \lhd$ *GOTR, * r_1, * ID_{OO}, *H(GOTR, r_1, ID_{OO}, $GID_{j\text{-}1}$)

M2: $OO \lhd$ GOTR, r_1, * status, *H(r_1, status, $GID_{j\text{-}2}$, $k_{i\text{-}2}$)

M3: $T \lhd$ *GOTC, * r_1, status, * ID_{NO}, *ID_{OO}, *H(GOTC, r_1, status, ID_{NO}, ID_{OO}, $GID_{j\text{-}2}$)

M4: $OO \lhd$ *GOTS, r_1, * status, ID_{OO}, ID_{NO}, *H(GOTS, r_1, status, ID_{OO}, ID_{NO}, $GID_{j\text{-}2}$, $k_{i\text{-}2}$)

M5: $NO \lhd$ (*$GID_{j\text{-}2}$, *$k_{1\text{-}2}$), (*$GID_{j\text{-}2}$, *$k_{2\text{-}2}$),⋯, (*$GID_{j\text{-}2}$, *$k_{i\text{-}2}$),⋯, (*$GID_{j\text{-}2}$, *$k_{m\text{-}2}$)

M6: $T \lhd$ *GOOR, *r_2, *ID_{NO}, *H(GOOR, r_2, ID_{NO}, $GID_{j\text{-}2}$)

M7: $NO \lhd$ GOOC, r_2, *status, *H(GOOC, r_2, status, $GID_{j\text{-}3}$, $k_{i\text{-}3}$)

M8: $T \lhd$ *GOOC

（2）初始化假设

A1: $T \ni$ (ID_{OO}, $GID_{j\text{-}1}$, $k_{i\text{-}1}$)

A2: $T|\equiv \# GID_{j\text{-}1}$

A3: $T|\equiv T \xleftrightarrow{GID_{j\text{-}1}, k_{i\text{-}1}} OO$

A4: $OO \ni (r_1, ID_{OO}, GID_{j\text{-}2}, k_{i\text{-}2})$

A5: $OO|\equiv \# r_1$

A6: $OO|\equiv T \xleftrightarrow{GID_{j\text{-}2}, k_{i\text{-}2}} OO$

A7: $T \ni (GID_{j\text{-}2}, k_{i\text{-}2})$

A8: $T|\equiv \# GID_{j\text{-}2}$

A9: $T|\equiv T \xleftrightarrow{GID_{j\text{-}2}, k_{i\text{-}2}} OO$

A10: $T|\equiv T \xleftrightarrow{GID_{j\text{-}2}, k_{i\text{-}2}} NO$

A11: $NO \ni (ID_{NO}, GID_{j\text{-}2}, k_{i\text{-}2}, GID_{j\text{-}3}, k_{i\text{-}3})$

A12: $NO|\equiv \# r_2$

A13: $NO|\equiv T \xleftrightarrow{GID_{j\text{-}3}, k_{i\text{-}3}} NO$

（3）安全目标和推理过程

G1: $T|\equiv OO \sim GOTR$

推理：M1, A1, A2, A3, I3, I7

G2: $T|\equiv OO \ni GID_{j\text{-}1}$

推理：M1, A1, A2, A3, I3, I6

G3: $OO|\equiv T \sim status$

推理：M2, A4, A5, A6, I3, I7

G4: $OO|\equiv T \ni (GID_{j\text{-}2}, k_{i\text{-}2})$

推理：M2, A4, A5, A6, I3, I6

G5: $T|\equiv OO \sim GOTC$

推理：M3, A7, A8, A9, I3, I7

G6: $T|\equiv OO \ni GID_{j\text{-}2}$

推理：M3, A7, A8, A9, I3, I6

G7: $OO|\equiv T \sim GOTS$

推理：M4, A4, A5, A6, I3, I7

G8: $OO|\equiv T \ni ID_{NO}$

推理：M4, A4, A5, A6, I3, I6

G9: $T|\equiv NO \sim GOOR$

推理：M6, A7, A8, A10, I3, I7

G10: $T|\equiv NO \ni GID_{j-2}$

推理：M6, A7, A8, A10, I3, I6

G11: $NO|\equiv T\sim GOOC$

推理：M7, A11, A12, A13,I3, I7

G12: $NO|\equiv T \ni (GID_{j-3}, k_{j-3})$

推理：M7, A11, A12, A13, I3, I6

4.11 具备原所有者无关性的标签群组所有权转换协议

4.11.1 协议描述

当有一组对象需要同时进行所有权转换时，设计一个群组所有权转换协议是十分必要的，而目前相关的研究成果还很少。在本节中，提出了一种具有原所有者无关性的、安全的群组所有权转换协议。假设标签和所有者之间，包括原所有者和新所有者之间的信道是不安全的。为了研究的方便，假设剩余的其他信道都是安全的。一组对象包括 m 个标签。本协议中还用到了下列符号。

$k_{i\text{-}p}$：群组中第 i 个标签的第 p 个密钥。

GK_q：第 q 个群组密钥。

GS：由群组中的标签和可信第三方共享的群组秘密值。

$s_{q\text{-}i}$：由第 q 个群组和可信第三方共享的第 i 个标签的秘密值。

GOTRIOO：一个标志，表示具有原所有者无关性的群组所有权转换请求。

GOTAIOO：一个标志，表示具有原所有者无关性的群组所有权转换允许。

RGOTRIOO：一个标志，表示 Re-GOTRIOO。

GOTAC：一个标志，表示群组所有权转换允许完成。

GOTCTTP：一个标志，表示来自于可信第三方的群组所有权转换命令。

GOTA：一个标志，表示群组所有权转换完成。

RGOTCTTP：一个标志，表示 Re-GOTCTTP。

标签和所有者不仅存储自身密钥和群组密钥，还存储最近使用过的密钥。标签存储与可信第三方共享的秘密值和群组秘密值。所有者存储一个状态位用来判断标签是否已经准备好进行所有权转换等。群组内的每个标签的秘密值和密钥都是唯一的。组内所有标签的群组密钥和群组秘密值是相同的。本节所提出的协议可以同时进行 m 个标签的所有权转换。该协议如图 4-11 所示[11]。

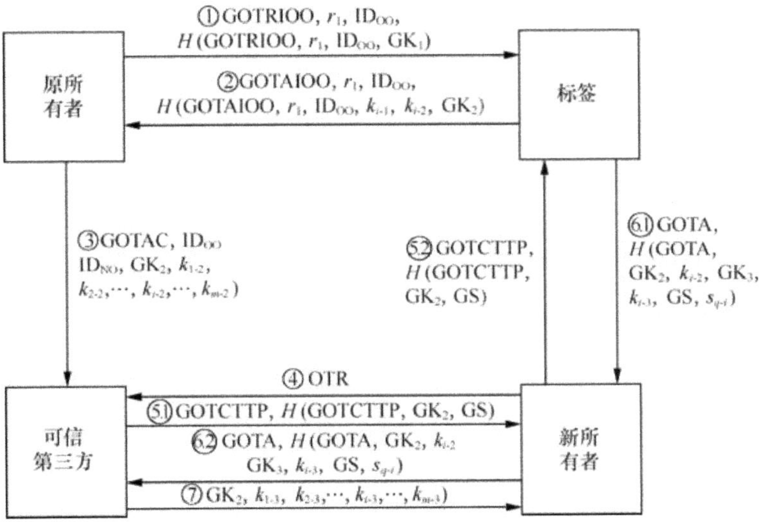

图 4-11　协议流程

① 原所有者产生一个随机数 r_1 并向其询问请求可达范围内的标签广播{GOTRIOO, r_1, ID_{OO}, H(GOTRIOO, r_1, ID_{OO}, GK_1)}。

② 通常，原所有者询问请求可达范围内的所有标签都会收到消息。每个标签检查收到的信息是否正确，若不正确，协议终止；否则认为原所有者是可信的。根据标志 GOTRIOO，标签认为原所有者希望发起所有权转换，将其转换给新所有者。如果它更新过了自身密钥和群组密钥，将不再更新它们。否则，更新秘密如下：$GK_2=H(r_1, GK_1)$, $k_{i-2}=H(r_1, k_{i-1})$。

随后，标签发送{GOTAIOO, r_1, ID_{OO}, H(GOTAIOO, r_1, ID_{OO}, k_{i-1}, k_{i-2}, GK_2)}给原所有者。请注意，该协议在许多标签和所有者之间同时执行。因此，这些标签将同时发送响应。

③ 原所有者收到众多标签发送来的消息后，搜索其后端数据

库，并检查这些消息的正确性。如果一个消息是正确的，原所有者则认为其相对应的标签已经准备好进行所有权转换。原所有者改变其在后端数据库中的状态，并以同样的方式更新秘密。

如果有一些标签的响应不正确，或者原所有者没有在有效时间内收到响应，原所有者会发送{RGOTRIOO, r_1, ID_{OO}, H(RGOTRIOO, r_1, ID_{OO}, GK_1)}，这一标志表明这是一个重复发送的消息。已更新的密钥和群组密钥将不会再响应该消息。

当原所有者确认群组中的所有标签已经做好进行所有权转换的准备后，它将发送{GOTAC, ID_{OO}, ID_{NO}, GK_2, $k_{1\text{-}2}$, $k_{2\text{-}2}$,⋯, $k_{i\text{-}2}$,⋯, $k_{m\text{-}2}$}给可信第三方。

④ 当新所有者接收到标签所标识的对象时，它将会向 TTP 发送所有权转换请求(OTR)。

⑤ 收到新所有者发送的请求后，TTP 通过新所有者发送{GOTCTTP, H(GOTCTTP, GK_2, GS)}给标签。

⑥ 通常在新标签的询问请求可达范围内的所有标签都会收到这个消息。每个标签都检查收到信息的正确性。如果消息正确，标签就认为原所有者和 TTP 以允许进行所有权转换。标签更新秘密如下：$GK_3=H(GK_2, GS)$, $k_{i\text{-}3}=H(k_{i\text{-}2}, GK_2, s_{q\text{-}i})$。

然后，标签通过新所有者向 TTP 发送{GOTA, H(GOTA, GK_2, $k_{i\text{-}2}$, GK_3, $k_{i\text{-}3}$,GS, $s_{q\text{-}i}$)}。注意，该群组中的标签几乎是同时发送的消息。

⑦ 在很短的时间内，TTP 收到许多标签的响应。TTP 检查消息的正确性。如果在一定时间内 TTP 没有收到群组里所有标签的正确响应，它将会找到相应的标签并发送{RGOTCTTP, H (RGOTCTTP, GK_2, $k_{i\text{-}2}$, GS, $s_{q\text{-}i}$)}，那么名为 RGOTCTTP 的标志位被置位，从而

可推测出此消息是一个重传。而那些已经更新自身密钥和群组密钥的标签不会响应此消息。否则，TTP 会认为群组中的所有标签都已经更新过了自身密钥和群组密钥。利用同样的方法更新群组内每一个标签的 GK_3 和 $k_{i\text{-}3}$，并发送它们，即$\{GK_3, k_{1\text{-}3}, k_{2\text{-}3},\cdots, k_{i\text{-}3},\cdots, k_{m\text{-}3}\}$给新所有者。

⑧ 新所有者使用从 TTP 处收到的秘密与标签进行通信。

4.11.2　安全性分析

（1）协议的形式化描述

M1: $T \lhd \ *\text{GOTRIOO}, *r_1, *\text{ID}_{\text{OO}}, *H(\text{GOTRIOO}, r_1, \text{ID}_{\text{OO}}, \text{GK}_1)$

M2: $\text{OO} \lhd \ *\text{GOTAIOO}, r_1, \text{ID}_{\text{OO}}, *H(\text{GOTAIOO}, r_1, \text{ID}_{\text{OO}}, k_{i\text{-}1}, k_{i\text{-}2}, \text{GK}_2)$

M3: $\text{TTP} \lhd \ *\text{GOTAC}, *\text{ID}_{\text{OO}}, *\text{ID}_{\text{NO}}, *\text{GK}_2, *k_{1\text{-}2}, *k_{2\text{-}2},\cdots, *k_{i\text{-}2},\cdots, *k_{m\text{-}2}$

M4: $\text{TTP} \lhd \ *\text{OTR}$

M5: $T \lhd \ *\text{GOTCTTP}, *H(\text{GOTCTTP}, \text{GK}_2, \text{GS})$

M6: $\text{TTP} \lhd \ *\text{GOTA}, *H(\text{GOTA}, \text{GK}_2, k_{i\text{-}2}, \text{GK}_3, k_{i\text{-}3}, \text{GS}, s_{q\text{-}i})$

M7: $\text{NO} \lhd *\text{GK}_3, *k_{1\text{-}3}, *k_{2\text{-}3},\cdots, *k_{i\text{-}3},\cdots, *k_{m\text{-}3}$

（2）初始化假设

A1: $T \in (\text{GK}_1, k_{i\text{-}1}, \text{GK}_2, k_{i\text{-}2}, \text{GK}_3, k_{i\text{-}3}, GS, s_i)$

A2: $T| \equiv T \xleftrightarrow{\text{GK}_1, k_{i\text{-}1}} \text{OO}$

A3: $T| \equiv \#\, \text{GK}_1$

A4: $\text{OO} \in (\text{GK}_1, k_{i\text{-}1}, \text{GK}_2, k_{i\text{-}2})$

A5: $OO|\equiv T\xleftrightarrow{GK_1,k_{i-1}}OO$

A6: $OO|\equiv\#\,k_{i-1}$

A7: $T|\equiv T\xleftrightarrow{GS}TTP$

A8: $T|\equiv\#\,GK_2$

A9: $TTP\in(GK_2, k_{i-2}, GK_3, k_{i-3}, GS, s_{q-i})$

A10: $TTP|\equiv T\xleftrightarrow{GS,s_{q-i}}TTP$

A11: $TTP|\equiv\#\,k_{i-3}$

（3）推理过程

G1: $T|\equiv OO\sim GOTRIOO$

推理：M1, A1, A2, A3, I3, I7

G2: $T|\equiv OO\in GK_1$

推理：M1, A1, A2, A3, I3, I6

G3: $OO|\equiv T\sim GOTAIOO$

推理：M2, A4, A5, A6, I3, I7

G4: $OO|\equiv T\in(k_{i-1}, k_{i-2}, GK_2)$

推理：M2, A4, A5, A6, I3, I6

G5: $T|\equiv TTP\sim GOTCTTP$

推理：M5, A1, A7, A8, I3, I7

G6: $T|\equiv TTP\in(GK_2, GS)$

推理：M5, A1, A7, A8, I3, I6

G7: $TTP|\equiv T\sim GOTA$

推理：M6, A9, A10, A11, I3, I7

G8: $TTP|\equiv T\in(GK_2, k_{i-2}, GK_3, k_{i-3}, GS, s_{q-i})$

推理：M6, A9, A10, A11, I3, I6

4.12　具有可追溯能力的标签所有权转换协议

4.12.1　协议描述

在某些场景中，物品的所有者需要获取该物品的相关信息，如产地、生产日期等。在本节中，提出了一个具有可追溯能力的 RFID 标签所有权转换协议。在该协议中，标签中存储有一个加密的数字证书。标签的所有者解密该证书后，即可获得关于标签所附物品的相关信息。协议流程如图 4-12 所示[12]。

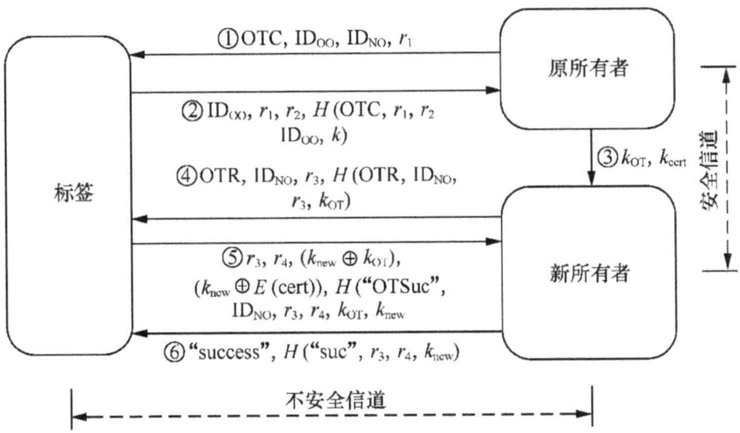

图 4-12　协议流程

① 原所有者生成所有权转换命令 OTC 和随机数 r_1，将{OTC, ID$_{OO}$, ID$_{NO}$, r_1}发送给标签。

② 标签检查所收到的 ID_{OO}。如果不正确，标签生成一个随机消息并将其发送给原所有者；否则标签生成随机数 r_2 并计算 $H(OTC, r_1, r_2, ID_{OO}, k)$。标签发送$\{ID_{OO}, r_1, r_2, H(OTC, r_1, r_2, ID_{OO}, k)\}$给原所有者。此外，标签计算 $H(\text{“OT”}, r_1, r_2, ID_{OO}, k)$，并将其设为标签所有权转换密钥 k_{OT}。

③ 原所有者通过后台数据库存储的信息检查所接收的信息是否正确，如果不正确，协议终止；否则原所有者确认标签的身份，并用同样的方法计算密钥 k_{OT}。原所有者通过安全信道发送 k_{OT} 和 k_{cert} 给新所有者。k_{OT} 用来将原所有者对标签的所有权转换给新所有者，k_{cert} 用于解密标签中存储的关于物品信息的数字证书。

④ 新所有者生成随机数 r_3 和所有权转换请求 OTR，将$\{OTR, ID_{NO}, r_3, H(OTR, ID_{NO}, r_3, k_{OT})\}$发送给标签。

⑤ 标签验证接收到的 ID_{NO} 和 $H(OTR, ID_{NO}, r_3, k_{OT})$。如果它们中有一个不正确，则标签会生成一个随机信息并发送给新所有者；否则标签生成随机数 r_4 和新的密钥 k_{new}。标签计算$(k_{new} \oplus k_{OT})$、$k_{new} \oplus E(cert)$和 $H(\text{“OTSuc”}, ID_{NO}, r_3, r_4, k_{OT}, k_{new})$。$E(cert)$是一个存储在标签中由厂商写入的关于产品信息的加密数字证书。标签将$\{r_3, r_4, (k_{new} \oplus k_{OT}), (k_{new} \oplus E(cert)), H(\text{“OTSuc”}, ID_{NO}, r_3, r_4, k_{OT}, k_{new})\}$发送给新所有者。

⑥ 新所有者获得了新的密钥 k_{new}，并验证所接收到的 $H(\text{“OTSuc”}, ID_{NO}, r_3, r_4, k_{OT}, k_{new})$是否正确。如果不正确，则协议终止；否则标签的所有权转换给新所有者。新所有者会存储 k_{new} 和 $E(cert)$。新所有者使用 k_{cert} 解密 $E(cert)$，通过公钥基础设施验证该数字证书的有效性，并获取关于该物品的信息。新所有者发送{“success”, $H(\text{“suc”},$

$r_3, r_4, k_{new})\}$给标签。

⑦ 标签验证受到的消息是否正确。如果不正确，则协议终止；否则所有权转换过程完成，更新密钥为 $k = k_{new}$。

4.12.2 安全性分析

（1）协议的形式化描述

PM1: $T \triangleleft *\ OTC, *ID_{OO}, *ID_{NO}, *\ r_1$

PM2: $OO \triangleleft\ ID_{OO}, r_1, *\ r_2, H(OTC, r_1, r_2, ID_{OO}, k)$

PM3: $T \triangleleft\ *OTR, *ID_{NO}, *\ r_3, *H(OTR, ID_{NO}, r_3, k_{OT})$

PM4: $NO \triangleleft\ r_3,\ *\ r_4,\ *\{k_{new}\}_{k_{OT}},\ *\{E(cert)\}_{k_{new}},\ *H(\text{“OTSuc”}, ID_{NO}, r_3, r_4, k_{OT}, k_{new})$

PM5: $T \triangleleft \text{“success”}, H(\text{“suc”}, r_3, r_4, k_{new})$

（2）初始化假设

A1: $T| \equiv \# r_2$

A2: $T \ni k$

A3: $OO \ni k$

A4: $OO| \equiv \# r_1$

A5: $OO| \equiv OO \xleftrightarrow{k} T$

A6: $T \ni k_{OT}$

A7: $T| \equiv NO \xleftrightarrow{k_{OT}} T$

A8: $NO \ni k_{OT}$

A9: $NO| \equiv \# r_3$

A10: $NO| \equiv NO \xleftrightarrow{k_{OT}} T$

A11: $\text{NO}|\equiv \text{NO} \xleftrightarrow{k_{\text{new}}} \text{T}$

A12: $\text{T}|\equiv \# r_4$

（3）推理过程

PG1: $\text{T}|\equiv \# k_{\text{OT}}$

推理：PM1, A1, A2, F10

PG2: $\text{OO}|\equiv \text{T} \ni k$

推理：PM2, A3, A4, A5, I3, I6

PG3: $\text{T}|\equiv \text{NO} \ni k_{\text{OT}}$

推理：PM3, A6, PG1, A7, I3, I6

PG4: $\text{NO} \ni k_{\text{new}}$

推理：PM4, A8, P6

PG5: $\text{NO} \ni E(\text{cert})$

推理：PM4, PG4, P6

PG6: $\text{NO}|\equiv \text{T} \sim k_{\text{new}}$

推理：PM4, A8, A9, A10, I3, I7

PG7: $\text{NO}|\equiv \text{T} \ni (k_{\text{OT}}, k_{\text{new}})$

推理：PM4, A8, A9, A10, I3, I6

PG8: $\text{T}|\equiv \text{NO} \ni k_{\text{new}}$

推理：PM5, A11, A12, I3, I6

4.13 本章小结

本章主要介绍了 RFID 标签所有权转换的模型、安全需求和协议，并采用 GNY 逻辑对协议的安全性进行了分析。本章所介绍的协议可以分为两类：单个标签的所有权转换协议和标签群组的所有权转换协议。

本章介绍的单个标签的所有权转换协议一次可以将一个标签的所有权转换给新所有者，部分协议还能提供授权访问和原所有者无关性等功能。本章介绍的所有权转换协议主要包括以下几个。

- RFID 标签授权访问和所有权转换协议。
- 基于随机排列函数的 RFID 标签所有权转换协议。
- 支持密钥协商的标签所有权转换协议。
- 具备原所有者无关性的 RFID 标签所有权转换协议。
- 带有转换开关的 RFID 标签所有权转换协议。
- 具有可追溯能力的标签所有权转换协议。

在进行大量标签的所有权转换时，一次转换一个标签的所有权转换协议的效率较低。需要提出一次能转换多个标签的所有权转换协议。为此，本章介绍了标签群组所有权转换协议，一次可以为一个群组的标签进行所有权转换。主要包括标签群组所有权转换协议和具备原所有者无关性的标签群组所有权转换协议。

参 考 文 献

[1] GONG L, NEEDHAM R, YAHALOM R. Reasoning about belief in cryptographic protocols[C]// Research in Security and Privacy, 1990. Proceedings, 1990 IEEE Computer Society Symposium on.

IEEE, 1990: 234-248.

[2] 李建华. 网络安全协议的形式化分析与验证[M]. 北京：机械工业出版社, 2010.

[3] 贺蕾, 甘勇, 尹毅峰, 等. 一种 RFID 标签授权访问和所有权转换协议[J]. 合肥工业大学学报（自然科学版）, 2014, 2: 172-175+214.

[4] 杨波. 现代密码学[M]. 北京：清华大学出版社, 2010: 15-19.

[5] 张紫楠, 郭渊博. 物理不可克隆函数综述[J]. 计算机应用, 2012, 32(11): 3115-3120.

[6] 贺蕾, 甘勇, 尹毅峰, 等. 基于随机排列函数的 RFID 标签所有权转换协议[J]. 郑州大学学报（工学版）, 2013, 6: 24-27.

[7] 贺蕾, 尹毅峰, 金松河, 等. 一种支持密钥协商的标签所有权转换协议[J]. 科学技术与工程, 2013, 28: 8339-8343+8348.

[8] 贺蕾, 李娜娜, 甘勇, 等. 一种具备原所有者无关性的无线射频识别标签所有权转换协议[J]. 科学技术与工程, 2014, 25: 263-266.

[9] 贺蕾, 甘勇, 尹毅峰, 等. 一种带有转换开关的 RFID 标签所有权转换协议[J]. 信息工程大学学报, 2014, 5: 547-550.

[10] HE L, GAN Y, YIN Y. Secure group ownership transfer protocol for tags in RFID system[J]. International journal of security and its applications, 2014, 8(3): 21-30.

[11] HE L, GAN Y, YIN Y. Secure group ownership transfer protocol with independence of old owner for RFID tags[J]. Computer modelling & new technologies, 2014, 18(12B):209-214.

[12] GAN Y, HE L, YIN Y. RFID tag ownership transfer protocol with retrospective ability[J]. Cybernetics and information technologies, 2014, 14(4): 121-130.

第 5 章

基于动态重载的 RFID 标签所有权转换

第 4 章介绍了 RFID 标签所有权转换的概念、模型和协议，并对所有权转换协议进行了安全性分析。但这些协议在进行标签所有权转换时，采用的算法是不变的。假如标签在进行所有权转换时所用的算法是 SHA-1，则不论何时执行该协议，都将使用 SHA-1 算法。本章将介绍基于动态重载的标签所有权转换机制，其特点是在所有权转换过程中，参与方执行的算法是不断变化的。

5.1 概述

在此前介绍的标签所有权转换协议中，原所有者、标签和新所有者在转换过程中需要进行多次交互。每个实体进行交互时，所执行的算法是保持不变的。以“具备原所有者无关性的 RFID 标签所有权转换协议”为例，如图 5-1 所示。

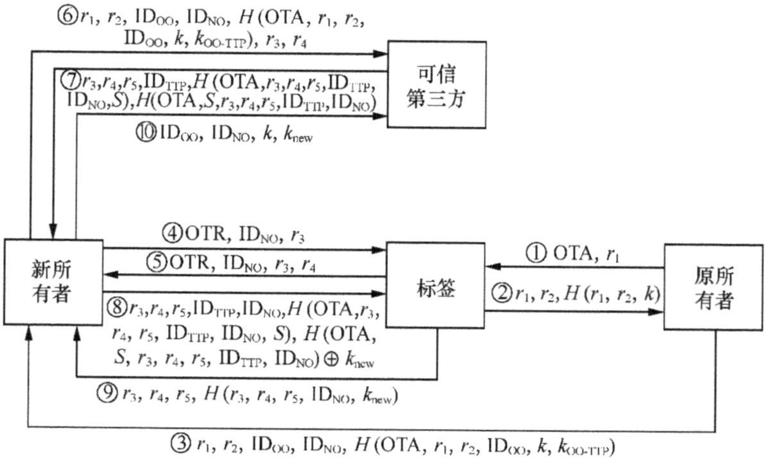

图 5-1　具备原所有者无关性的 RFID 标签所有权转换协议

在原所有者、标签、新所有者和可信第三方进行所有权转换时，所执行的计算都是散列函数。协议在执行时，执行同一个流程，无论协议执行多少次，每一次执行都采用相同的算法进行认证，这样会引起两方面的问题。

（1）协议执行效率较低

为了保护通信的安全性，标签与读写器大多使用计算过程复杂的安全算法，如散列算法等。每次认证时，标签需要执行多次散列计算，计算量较大。如果能采用计算量更小的算法，降低标签的计算量，则可以提高协议的执行效率。

（2）容易泄露密钥值

多次重复使用同一个密钥，可能会提高攻击者破解出密钥的概率。每次进行认证时，都需要使用标签与后端数据库共享的密钥值。在多次认证后，如果攻击者监听了标签与读写器之间的通信，则会提高从监听的消息中破解出密钥值的概率。

为解决上述问题，本章提出动态重载机制。该机制具有安全性好、标签计算耗时少、扩展性强等特点。在此基础上，提出基于轻量级函数集的 RFID 系统中的认证协议和标签所有权转换协议。

5.2 动态重载机制

重载是计算机编程领域的一个术语，通常指在进行计算机编程时，编写的函数或者方法拥有同样的名称，但却拥有不同的参数列表的情形[1-2]。这样具有相同名称却具有不同参数的函数或者方法之间，互相称之为重载函数或者方法。重载机制为编程人员提供了很大方便，编程人员可以把具有相同功能或用途的函数或方法用相同的名字命名，再根据实际使用过程中的不同，为其设置不同的参数列表。编程人员不需要去记繁多的函数名，可以根据相同的函数名或方法名对程序进行管理，把更多的精力放在程序本身上，便于对程序进行维护。

动态重载指的是根据输入的不同，动态地从算法集合中近乎随机地选择算法，参与协议的执行。在本章中，采用轻量级候选函数集的方式实现动态重载机制。轻量级函数集 $F=\{f_1, f_2,\cdots, f_i,\cdots, f_n\}$ 中轻量级函数的个数不应太少，应不少于 32 个，且任一轻量级函数 f_i 至少应满足以下条件。

- 输入可以是任意长度的信息。
- 同样的输入得到同样的输出信息。
- 不同的输入得到的输出也是不同的。
- 在输入信息量相同的情况下，轻量级函数的计算量不高于对称密钥密码算法，如不高于密钥长度为 128 bit 的 AES 算法。
- 具有较好的安全性。
- 函数的输入中包含至少一个只有通信双方知道的秘密值。
- 即使获取了函数的输出信息，在不知道秘密值的情况下，要得到输入信息在计算上是不可行的。
- 不同的函数之间不应有线性关系或其他简单的关系，例如，循环左移和循环右移不可同时存在于轻量级函数集中。

在选择好轻量级函数后，由于不同函数的计算方式不同，需要设置好它们的实现方式，例如，$\mathrm{MD5}(x_1, x_2,\cdots, x_{\mathrm{ind}},\cdots, x_{\mathrm{num}})$为所有输入参数串联后计算 MD5 值；PRNG($x_1, x_2,\cdots, x_{\text{ind}},\cdots, x_{\text{num}}$)以所有输入参数串联后作为种子，生成伪随机数。

此外，如何根据输入值 input 从轻量级函数集 F 中随机地选择函数是一个重要的问题。本章提出一种根据输入值从轻量级函数集 F 中选择函数的选取规则。

假设输入的二进制数值为 input，若轻量级函数集中有 n 个函数，则从 input 中选取的比特位的长度 len=[lb$n$]。其中，“[ ]”表示上取整符，例如，[5.2]=6。

从右至左，input 中的比特依次为第 1 位，第 2 位，第 3 位，…，第 ext 位，ext 为 input 的长度。从第 1 位开始，input 中的第 h(h=1, 2,…, ext)位若为 1，则选取 input 的第（$ext-h+1$）位的值，按照从右至左的顺序依次放入变量 result 中，直至选取的 input 值达到 len bit。将轻量级函数集 F 中的每一个函数进行编号，选择编号与 result 值一致的轻量级函数。使用选择的轻量级函数参与后续的步骤。

例如，轻量级函数集 $F_1=\{f_1, f_2, f_3, f_4, f_5, f_6\}$，则应从 input 中选取[lb6]位，即 len=3 位来选取函数。若 input=00101101，则 result=010，如图 5-2 所示。按照从左至右的顺序，依次为轻量级函数集 F 中的函数编号为 000，001，010，…，101。函数 f_3 的编号与 result 一致，所以应选择函数 f_3 参与后续的步骤。需要说明的是，每一个函数的编号可以是随机的，但每个编号的长度不应超过 len bit。

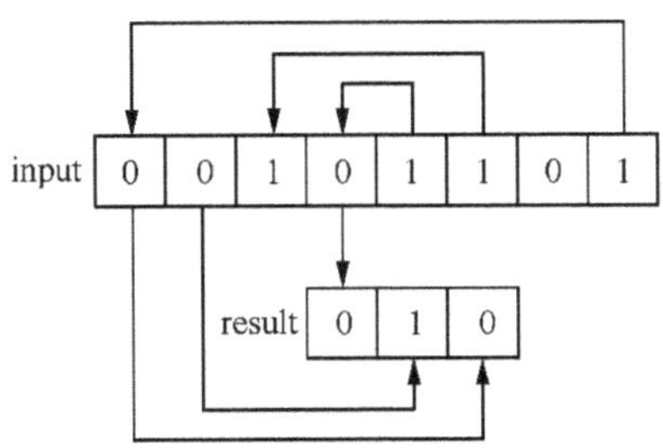

图 5-2　从 input 值获得 result 值的示意

此外，需要注意的是，result 的值可能会不同于轻量级函数集 F 中任何一个函数的编号，则无法选取合适的函数。例如，在上面的例子中，若 result=111，则无法选取合适的函数；若发生此种情况，则将 input 的值向左循环移位 1 bit 作为 input-result-temp1，使用 input-result-temp1 和函数选取规则再次选取 result；若 result 的值仍然不同于轻量级函数集 F 中任何一个函数的编号，则对 input-result-temp1 再次进行向左循环移位 1 bit 作为 input-result-temp2，使用 input-result-temp2 再次进行选取 result，直至从轻量级函数集 F 中选取到了适当的函数；若 input 的值向左循环一圈后仍然无法选取轻量级函数集 F 中的函数，则选取上一次所选的函数在轻量级函数集 F 中的下一个函数，此时 input 的值向左循环移位 1 bit 作为选择该函数的 input 值；若没有上一次函数选取，即这是第一次函数选取，则选取轻量级函数集 F 中的第一个函数并参与后续步骤，此时 input 的值向左循环移位 1 bit 作为选择该函数的 input 值。

5.3 基于动态重载的 RFID 系统认证协议

在进行标签所有权转换时，原所有者与标签需要进行认证，原所有者要确认标签的身份。认证阶段是标签所有权转换协议中一个不可或缺的组成部分。因此，本节提出一个动态重载的 RFID 系统认证协议[3]。

5.3.1　初始化阶段

在标签被生产出来时，其内部存储器中被写入了若干个轻量级函数，这些函数构成了轻量级函数集 $F=\{f_1,f_2,\cdots,f_i,\cdots,f_n\}$。标签和后端数据库拥有同一个轻量级函数集 $F=\{f_1,f_2,\cdots,f_i,\cdots,f_n\}$。

本节中所用到的定义、变量及运算符号分别说明如下。

- T：标签。
- DB：后端数据库。
- r_{T}：标签生成的随机数。
- r_{DB}：后端数据库生成的随机数。
- k_{T}：标签与后端数据库共享的密钥，该密钥存储在标签中。其中，$k_{\mathrm{T\text{-}old}}$ 表示标签上一次与后端数据库进行成功认证时所用的密钥；$k_{\mathrm{T\text{-}new}}$ 表示标签为下一次进行认证而设置的新密钥。
- k_{DB}：后端数据库与标签共享的密钥，该密钥存储在后端数据库中。后端数据库中可以存储多个不同标签的密钥，但每个密钥值在该后端数据库中应该是唯一的，没有两个不同的标签具有相同的密钥。$k_{\mathrm{DB\text{-}old}}$ 表示后端数据库上一次与标签进行成功认证时所用的密钥；$k_{\mathrm{DB\text{-}new}}$ 表示后端数据库为下一次进行认证而设置的新密钥。初始化时，$k_{\mathrm{T\text{-}old}}$、$k_{\mathrm{T\text{-}new}}$、$k_{\mathrm{DB\text{-}old}}$ 和 $k_{\mathrm{DB\text{-}new}}$ 的值都相同。通常情况下，$k_{\mathrm{T\text{-}old}}=k_{\mathrm{DB\text{-}old}}$，$k_{\mathrm{T\text{-}new}}=k_{\mathrm{DB\text{-}new}}$。
- k_{FS}：标签与后端数据库共享的函数选取密钥，用于从轻量级函数集 F 中选取函数。后端数据库中可以存储多个不同标签的函数选取密钥，但每个函数选取密钥值在该后端数据库中应该是唯一的，没有两个不同的标签具有相同的函数选取密钥。

- x, y：变量 x 和 y 的串联。
- $x \oplus y$：变量 x 和 y 进行异或运算。

在后端数据库中，为每一个标签的记录至少要存储 3 个数据项，分别是上一次成功认证时使用的认证密钥 $k_{DB\text{-}old}$、更新后的认证密钥 $k_{DB\text{-}new}$ 和函数选取密钥 k_{FS}，且这 3 个密钥的值在后端数据库中是唯一的。若还没有进行认证密钥更新，则 $k_{DB\text{-}new}$ 和 $k_{DB\text{-}old}$ 相同。

5.3.2 协议流程

协议流程如图 5-3 所示。为了便于研究，假设标签与读写器之间的通信信道是不安全的，而读写器与后端数据库之间的通信信道是安全的。

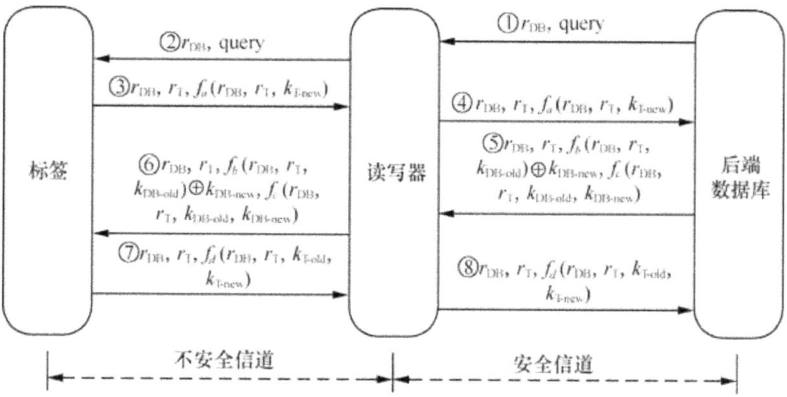

图 5-3 基于轻量级函数集的 RFID 系统中标签与后端数据库的认证协议

① 后端数据库向读写器发送$\{r_{DB}, \text{query}\}$。其中，r_{DB} 为后端数

据库生成的随机数，query 为后端数据库生成的查询请求。

② 读写器将收到的后端数据库发送的消息$\{r_{DB}, \text{query}\}$转发给标签。

③ 标签收到$\{r_{DB}, \text{query}\}$后，生成随机数 r_T，开始第一次函数选取过程。计算 $r_{DB}\oplus r_T\oplus k_{T\text{-new}}\oplus k_{FS}$，并将该计算结果作为 input1，根据 input1 的值从轻量级函数集 F 中选取函数，设为 f_a。至此，第一次函数选取过程结束。标签计算 $f_a(r_{DB}, r_T, k_{T\text{-new}})$，发送$\{r_{DB}, r_T, f_a(r_{DB}, r_T, k_{T\text{-new}})\}$给读写器。

④ 读写器将标签发送的消息$\{r_{DB}, r_T, f_a(r_{DB}, r_T, k_{T\text{-new}})\}$转发给后端数据库。

⑤ 若后端数据库长时间没有收到读写器转发的标签的响应，则重新执行协议。若收到读写器发来的消息$\{r_{DB}, r_T, f_a(r_{DB}, r_T, k_{T\text{-new}})\}$，搜索是否存在二元组（$k_{DB\text{-old}}, k_{FS}$）或（$k_{DB\text{-new}}, k_{FS}$）满足：用 $k_{DB\text{-old}}$ 或 $k_{DB\text{-new}}$ 代替 $k_{T\text{-new}}$，计算 $\text{input1}'=r_{DB}\oplus r_T\oplus k_{DB\text{-old}}\oplus k_{FS}$ 或 $\text{input1}'=r_{DB}\oplus r_T\oplus k_{DB\text{-new}}\oplus k_{FS}$，根据 input1′的值从轻量级函数集 F 中选取函数 f_a'，计算出 $f_a'(r_{DB}, r_T, k_{DB\text{-old}})$或 $f_a'(r_{DB}, r_T, k_{DB\text{-new}})$，该计算结果与收到的 $f_a(r_{DB}, r_T, k_{T\text{-new}})$相同。

若存在这样的二元组（$k_{DB\text{-old}}, k_{FS}$），即后端数据库计算出的 $f_a'(r_{DB}, r_T, k_{DB\text{-old}})$与收到的 $f_a(r_{DB}, r_T, k_{T\text{-new}})$相同，则说明标签与后端数据库的上一次认证遭到了去同步化攻击，或者在上一次认证过程中发生了错误，此时后端数据库计算出的 $\text{input1}'=r_{DB}\oplus r_T\oplus k_{DB\text{-old}}\oplus k_{FS}$ 和标签计算出的 input1 的值相同。$k_{DB\text{-old}}$ 的值和 $k_{T\text{-new}}$ 相同，保持 $k_{DB\text{-old}}$ 的值不变，协议继续进行。

若不存在这样的二元组（$k_{DB\text{-old}}, k_{FS}$），但存在这样的二元组

（$k_{DB\text{-}new}$, k_{FS}），即后端数据库计算出的 $f_a'(r_{DB}, r_T, k_{DB\text{-}new})$ 与收到的 $f_a(r_{DB}, r_T, k_{T\text{-}new})$ 相同，则说明标签与后端数据库的上一次认证并没有遭到去同步化攻击，此时后端数据库计算出的 input1′=$r_{DB} \oplus r_T \oplus k_{DB\text{-}new} \oplus k_{FS}$ 和标签计算出的 input1 的值相同。$k_{DB\text{-}new}$ 的值和 $k_{T\text{-}new}$ 相同，将 $k_{DB\text{-}new}$ 的值赋值给 $k_{DB\text{-}old}$，并保持 $k_{DB\text{-}new}$ 的值不变，协议继续进行。

若不存在这样的二元组（$k_{DB\text{-}old}$, k_{FS}）和（$k_{DB\text{-}new}$, k_{FS}），则认证失败，协议终止。

后端数据库从轻量级函数集 F 中选择与 f_a 不同的函数 f_b 进行计算，设选取 f_b 时所用的 input 的值为 input2，第二次函数选取过程开始。后端数据库将 input1′的值向左循环移位 1 bit，设该值为 input2-temp1，然后依据 input2-temp1 从轻量级函数集 F 中进行选取。若所选取的函数仍然和标签所用的函数 f_a 一样，则将 input2-temp1 的值继续向左循环移位 1 bit 作为 input2-temp2，依据 input2-temp2 从轻量级函数集 F 中进行选取，直至选取了不同的函数 f_b 进行计算，选取 f_b 时所用的 input 的值即为 input2。若 input1′的值向左循环移位一圈后仍然无法选取与 f_a 不同的函数 f_b，则后端数据库选取函数 f_a 在轻量级函数集 F 中的下一个函数为 f_b 进行计算，此时 input2 的值为 input1′向左循环移位 1 bit。至此，第二次函数选取过程结束。

input1′的值向左循环移位 1 bit 作为 input 值并不一定能选取合适的函数 f_b，利用该 input 值得到 result 的值与轻量级函数集 F 中函数编号不同，或者所选函数此前用过都会导致选取不成功。input1′的值向左循环移位 2 bit，用这个值作为 input 值再次进行选取，直至选取的函数此前并没有使用过。input2 是最终选择函数时 input 的值，而此前 input1′不断左移所得到 input2-temp1、input2-temp2 的值都是一个临时值，因为不知道根据这个值能否选取合适的函数。

后端数据库生成新的认证密钥 $k_{DB\text{-}new}$，并计算 $f_b(r_{DB}, r_T, k_{DB\text{-}old})\oplus k_{DB\text{-}new}$。密钥 $k_{DB\text{-}new}$ 与后端数据库存储的其他密钥都不相同，即具有唯一性。

后端数据库从轻量级函数集 F 中选取函数 f_c，设选取 f_c 时所用的 input 值为 input3，第三次函数选取过程开始。将 input2 的值向左循环移位 1 bit 作为 input3-temp1 的值，根据 input3-temp1 的值从轻量级函数集 F 中选取函数 f_c。若所选取的函数和 f_a 或 f_b 一样，则将 input3-temp1 的值向左循环移位 1 bit 作为 input3-temp2 的值，依据 input3-temp2 的值从轻量级函数集 F 中选取函数 f_c，直至选取了与 f_a 和 f_b 不同的函数 f_c，选取 f_c 时所用的 input 值即为 input3。若 input2 的值向左循环移位一圈后，仍然无法选取与 f_a 和 f_b 不同的函数 f_c 进行计算，则后端数据库选取 f_b 在轻量级函数集 F 中的下一个函数为 f_c 进行计算，此时 input3 的值为 input2 向左循环移位 1 bit。至此，第三次函数选取过程结束。

后端数据库计算 $f_c(r_{DB}, r_T, k_{DB\text{-}old}, k_{DB\text{-}new},)$，发送$\{r_{DB}, r_T, f_b(r_{DB}, r_T, k_{DB\text{-}old})\oplus k_{DB\text{-}new}, f_c(r_{DB}, r_T, k_{DB\text{-}old}, k_{DB\text{-}new})\}$给读写器。

⑥ 读写器转发后端数据库的消息$\{r_{DB}, r_T, f_b(r_{DB}, r_T, k_{DB\text{-}old})\oplus k_{DB\text{-}new}, f_c(r_{DB}, r_T, k_{DB\text{-}old}, k_{DB\text{-}new})\}$给标签。

⑦ 标签收到后端数据库发来的消息$\{r_{DB}, r_T, f_b(r_{DB}, r_T, k_{DB\text{-}old})\oplus k_{DB\text{-}new}, f_c(r_{DB}, r_T, k_{DB\text{-}old}, k_{DB\text{-}new})\}$后，根据 input1 的值，采用和后端

数据库同样的方法依次选取函数 f_b' 和 f_c'，即再次执行第二次函数选取过程和第三次函数选取过程。将 input1 的值向左移位得到 input2′和 input3′的值，根据 input2′和 input3′的值分别从轻量级函数集 F 中依次选取与函数 f_a' 不同的函数 f_b'、与函数 f_a' 和 f_a' 均不同的函数 f_c'。

在步骤⑤中，后端数据库已经通过了对标签的认证，表明后端数据库的 input1′和标签的 input1 是相等的，即后端数据库和标签拥有同样的 input1，因此标签选取出的函数 f_b' 和 f_c' 分别与后端数据库选取的函数 f_b 和 f_c 是相同的，而且在选取过程中所产生的 input2′和 input3′的值也和后端数据库所产生的 input2 和 input3 相同。

标签用自己存储的 $k_{\text{T-new}}$ 代替 $k_{\text{DB-old}}$，计算出 $f_b'(r_{\text{DB}}, r_{\text{T}}, k_{\text{DB-old}})$。再用计算出的 $f_b'(r_{\text{DB}}, r_{\text{T}}, k_{\text{DB-old}})$ 代替 $f_b(r_{\text{DB}}, r_{\text{T}}, k_{\text{DB-old}})$，根据收到的 $f_b(r_{\text{DB}}, r_{\text{T}}, k_{\text{DB-old}}) \oplus k_{\text{DB-new}}$ 计算出 $k'_{\text{DB-new}}$。标签用自己存储的 $k_{\text{T-new}}$ 代替 $k_{\text{DB-old}}$，用计算出的 $k'_{\text{DB-new}}$ 代替 $k_{\text{DB-new}}$，计算 $f_c'(r_{\text{DB}}, r_{\text{T}}, k_{\text{DB-old}}, k_{\text{DB-new}})$，检查该值与收到的 $f_c(r_{\text{DB}}, r_{\text{T}}, k_{\text{DB-old}}, k_{\text{DB-new}})$ 是否相等。若不相等，则认证失败，协议终止；否则，通过对后端数据库的认证，将 $k_{\text{T-new}}$ 的值赋值给 $k_{\text{T-old}}$，然后将 $k_{\text{DB-new}}$ 的值赋值给 $k_{\text{T-new}}$。

标签从轻量级函数集 F 中选取函数，设为 f_d，设选取 f_d 时所用的 input 值为 input4。第四次函数选取过程开始。标签将 input3′的值向左循环移位 1 bit 作为 input4-temp1，标签根据 input4-temp1 的值从轻量级函数集 F 中选取函数 f_d。若所选取的函数与 f_a、f_b 或 f_c 一样，则将 input4-temp1 的值向左循环移位 1 bit 作为 input4-temp2，依据 input4-temp2 从轻量级函数集 F 中选取函数 f_d，直至从轻量级函数集 F 选取了与 f_a、f_b 和 f_c 不同的函数 f_d。选取 f_d 时所用的 input

值即为 input4。若 input3′的值向左循环移位一圈后，仍然无法选取与 f_a、f_b和 f_c不同的函数 f_d，标签选取 f_c在轻量级函数集 F 中的下一个函数作为 f_d进行计算，此时 input4 的值为 input3′向左循环移位 1 bit。至此，第四次函数选取过程结束。

标签计算 $f_d(r_{DB}, r_T, k_{T\text{-old}}, k_{T\text{-new}})$，发送$\{r_{DB}, r_T, f_d(r_{DB}, r_T, k_{T\text{-old}}, k_{T\text{-new}})\}$给读写器。

⑧ 读写器转发标签的消息$\{r_{DB}, r_T, f_d(r_{DB}, r_T, k_{T\text{-old}}, k_{T\text{-new}})\}$给后端数据库。

⑨ 若后端数据库长时间没有收到标签的响应，则重新执行协议。若后端数据库收到标签发来的消息$\{r_{DB}, r_T, f_d(r_{DB}, r_T, k_{T\text{-old}}, k_{T\text{-new}})\}$，根据 input3 的值采用和标签相同的方法选取函数 f_d'，即再次执行第四次函数选取过程，即将 input3 的值向左循环移位作为 input4′，后端数据库根据 input4′的值从轻量级函数集 F 中选取与函数 f_a'、f_b'、f_c'均不相同的函数 f_d'。用 $k_{DB\text{-old}}$和 $k_{DB\text{-new}}$分别代替 $k_{T\text{-old}}$和 $k_{T\text{-new}}$，计算 $f_d'(r_{DB}, r_T, k_{T\text{-old}}, k_{T\text{-new}})$，并检查该值与收到的 $f_d(r_{DB}, r_T, k_{T\text{-old}}, k_{T\text{-new}})$是否相等。若不相等，则协议终止；若相等，则认为标签已经确认了后端数据库的身份，并且获取了正确的 $k_{DB\text{-new}}$，可以进行后续通信。$k_{T\text{-new}}$的值和 $k_{DB\text{-new}}$的值相等，后端数据库以后若需要与标签再次进行通信，需要使用密钥 $k_{DB\text{-new}}$。

5.3.3 协议特点

（1）更好的安全性

标签与后端数据库之间的认证协议通常采用确定的算法，协议在执行时，执行同一个流程，每一次执行都采用相同的算法，攻击者通过监听协议的多次执行过程，可以提高破解出标签与后端数据库共享的秘密值的概率。本节提出的协议使用了轻量级函数集，在每次执行协议时，通信双方根据密钥、函数选取密钥和随机数的值从轻量级函数集中选择此次协议执行时所使用的算法，每次进行认证所采用的算法都不相同，而攻击者并不知道密钥和函数选取密钥的值，无法确定每次进行认证时所用的算法。因此，即使攻击者监听了标签与后端数据库的全部通信，也难以提高破解出秘密值的概率。

虽然轻量级函数集中每个函数的安全强度可能会有所不同，但由于标签和后端数据库在每次进行计算时所采用的函数都不相同，攻击者无法连续获取同一个函数的输出信息，其所监听到的标签与后端数据库每次的通信内容是经由不同函数计算后得到的输出，无法用于提高破解秘密值的概率。因此，本节所提出的协议具有更好的安全性。

（2）更少的标签计算时间消耗

标签具有的计算资源非常有限，执行复杂的计算会消耗较多的时间，而后端数据库拥有充足的计算资源，能在很短的时间内完成复杂的计算。因此，降低标签的计算时间消耗对于提高协议的执行效率非常重要。

传统的标签与后端数据库之间的认证协议无论什么时候执行该协议，都需要执行相同的算法。假设标签执行该协议需要的计算时间是 sec 秒，那么执行 amo 次该协议标签需要耗时（sec×amo）秒。本节提出的协议采用了轻量级函数集，每次执行认证协议时，标签需要从该函数集中选择函数参与协议的执行。假设该函数集中共有 qua 个函数，则每个函数在每一次随机选取函数的过程中被选中的概率为 1/qua。若标签执行函数集中每个函数所需的时间分别为 sec_1，sec_2，…，sec_j，…，$\mathrm{sec}_{\mathrm{qua}}$，则标签执行随机从函数集中选择的函数的平均时间为 $\frac{1}{\mathrm{qua}}\times\sum_{j=1}^{\mathrm{qua}}\mathrm{sec}_j$。通过适当的选择，可以使该平均值小于 sec。虽然标签需要耗费一定的时间从轻量级函数集中选取函数，但和密码算法的耗时相比，该耗时较小。因此，本节所提出的协议中的标签可以消耗更少的计算时间。

（3）较好的可扩展性

本节提出的协议使用的轻量级函数集中的函数由标签生产者在标签生产时添加进标签内，用户也可以根据实际需要向该函数集中添加满足一定条件的新的函数。因此，本节所提出的协议具有较好的可扩展性。

5.4　基于动态重载的标签所有权转换

5.4.1　初始化阶段

在标签被生产出来时，其内部存储器中被写入了若干个轻量级函数，这些函数构成了轻量级函数集 $F=\{f_1, f_2,\cdots, f_i,\cdots, f_n\}$。

本节中所用到的定义、变量及运算符号分别说明如下。

- OO：标签的原所有者。
- NO：标签的新所有者。
- ID_{OO}：原所有者的身份标识，存储在标签和原所有者中。
- ID_{NO}：新所有者的身份标识，存储在标签和新所有者中。
- r_j：标签、原所有者或新所有者生成的随机数。
- $k_{A\text{-}u}$：标签与所有者共享的认证密钥，用于进行身份认证。由于该密钥在所有权转换过程中需要更新，所以用“u”表示这是第 u 个用于认证的密钥。所有者可能拥有多个标签。相应地，所有者可以存储多个不同标签的认证密钥，但每个认证密钥值在该所有者的数据库中应该是唯一的，没有两个不同的标签具有相同的认证密钥。
- $k_{OT\text{-}v}$：标签与所有者共享的所有权转换密钥，用于进行所有权转换。由于该密钥在所有权转换过程中需要更新，所以用“v”表示这是第 v 个用于所有权转换的密钥。所有者可能拥有多个标签。相应地，所有者可以存储多个不同标签的所有权转换密钥，但每个密钥值在该所有者的数据库中应该是唯一的，没有两个不同的标签具有相同的所有权转换密钥。
- $k_{FS\text{-}w}$：标签与所有者数据库共享的函数选取密钥，用于从轻量级函数集 F 中选取函数。由于该密钥在所有权转换过程中需要更新，所以用“w”表示这是第 w 个用于所有权转换的函数选取密钥。所有者可能拥有多个标签。相应地，所有者可以存储多个不同标签的函数选取密钥，但每个密钥值在该所有者的数据库中应该是唯一的，没有两个不同的标签具有相同的函数选取密钥。
- x, y：变量 x 和 y 的串联。
- $x \oplus y$：变量 x 和 y 进行异或运算。

• input：标签和所有者根据 input 的值从轻量级函数集 F 中选取函数。

• flag：标签所有权转换允许标志位，其初始值为 0。若 flag 的值为 0，则表示不允许进行标签所有权转换。只有当 flag 的值为 1 时，才能进行标签所有权转换。

其中，标签、原所有者和新所有者拥有同一个轻量级函数集 $F=\{f_1, f_2,\cdots, f_i,\cdots, f_n\}$。对于原所有者拥有的每一个标签，原所有者在后端数据库中存储该标签的认证密钥 $k_{\text{A-}u}$、所有权转换密钥 $k_{\text{OT-}v}$ 和函数选取密钥 $k_{\text{FS-}w}$。在进行所有权转换时，原所有者通过安全信道将该标签的所有权转换密钥 $k_{\text{OT-}v}$ 和函数选取密钥 $k_{\text{FS-}w}$ 发送给新所有者。新所有者不仅要存储该标签的所有权转换密钥 $k_{\text{OT-}v}$ 和函数选取密钥 $k_{\text{FS-}w}$，还要存储自己与标签共享的新的认证密钥 $k_{\text{A-}(u+1)}$、所有权转换密钥 $k_{\text{OT-}(v+1)}$和函数选取密钥 $k_{\text{FS-}(w+1)}$。

5.4.2　协议流程

协议流程如图 5-4 所示[4]。

① 原所有者向标签发送$\{r_1, \text{ID}_{\text{OO}}, \text{OTC}\}$。其中，$r_1$ 为原所有者生成的随机数，OTC 为所有权转换指令（Ownership Transfer Command），指示标签要进行所有权转换。

② 标签检查收到的 ID_{OO} 是否与自己存储的 ID_{OO} 一致，若不一致，则协议终止；若一致，则标签生成随机数 r_2，开始第一次函数选取过程。计算 $r_1\oplus r_2\oplus k_{\text{A-}u}\oplus k_{\text{FS-}w}$，并将计算结果作为 input1 值，根据 input1 的值从轻量级函数集 F 中选取函数，设为 f_a，至此，第

一次函数选取过程结束。标签计算 $f_a(r_1, r_2, k_{A\text{-}u})$，并发送$\{r_1, r_2, f_a(r_1, r_2, k_{A\text{-}u})\}$给原所有者。

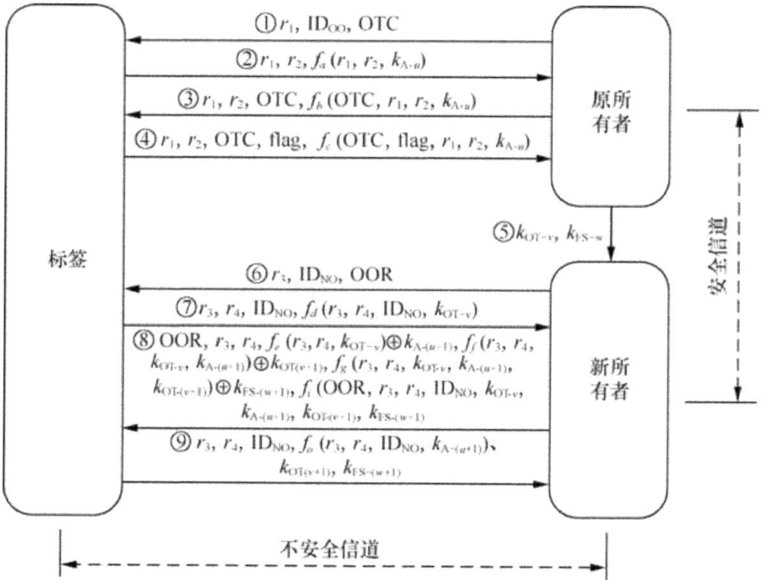

图 5-4　基于轻量级函数集的 RFID 系统中标签所有权转换协议

③ 原所有者收到标签发来的消息$\{r_1, r_2, f_a(r_1, r_2, k_{A\text{-}u})\}$后，在数据库中搜索是否存在密钥二元组$(k_{A\text{-}u}, k_{FS\text{-}w})$满足：计算 $input1'=r_1\oplus r_2\oplus k_{A\text{-}u}\oplus k_{FS\text{-}w}$，根据 input1′的值从轻量级函数集 F 中选取函数 f_a'，即执行和第一次函数选取过程相同的选取过程，计算 $f_a'(r_1, r_2, k_{A\text{-}u})$的结果与收到的 $f_a(r_1, r_2, k_{A\text{-}u})$相等。若不存在满足条件的密钥二元组（$k_{A\text{-}u}, k_{FS\text{-}w}$），则认证失败，协议终止；若存在满足条件的密钥二元组（$k_{A\text{-}u}, k_{FS\text{-}w}$），说明原所有者根据该密钥二元组计算的 input1′和标签计算的 input1 是一样的，根据 input1′的值从轻量级函数集 F 中选取的函数 f_a'与标签选取的函数 f_a 是同一个函数，而且原所有者与标签

拥有同样的认证密钥 $k_{A\text{-}u}$ 和函数选取密钥 $k_{FS\text{-}w}$，通过对标签的认证。

为保护机密信息的安全性，原所有者应从轻量级函数集 F 中选择与 f_a' 不同的函数 f_b，设选取 f_b 时所用的 input 值为 input2。第二次函数选取过程开始。原所有者将 input1′值向左循环移位 1 bit 的值作为 input2-temp1，根据 input2-temp1 的值从轻量级函数集 F 中进行选取 f_b。若所选取的函数仍然和标签所用的函数 f_a 一样，则将 input2-temp1 的值向左循环移位 1 bit 作为 input2-temp2，再次根据选取规则从轻量级函数集 F 中进行选取，直至选取了不同的函数 f_b，此时的 input 值即为 input2。若 input1 的值向左循环移位一圈后仍然无法选取不同的函数 f_b，则原所有者选取 f_a 在轻量级函数集 F 中的下一个函数选取为 f_b，此时 input2 的值为 input1 向左循环移位 1 bit。至此，第二次函数选取过程结束。

选取轻量级函数 f_b 后，原所有者计算并发送{r_1, r_2, OTC, f_b(OTC, r_1, r_2, $k_{A\text{-}u}$)}给标签。

④ 标签收到原所有者发来的消息{r_1, r_2, OTC, f_b(OTC, r_1, r_2, $k_{A\text{-}u}$)}后，根据 input1 的值，采用和原所有者同样的方法从轻量级函数集 F 中选择与函数 f_a 不同的函数 f_b'，即再次执行第二次函数选取过程。将 input1 向左循环移位作为 input2′，根据 input2′的值从轻量级函数集 F 中选择与函数 f_a 不同的函数 f_b'。

由于步骤③中原所有者已经通过了对标签的认证，表明原所有者计算的 input1′和标签的 input1 是相等的，即表明原所有者和标签拥有同样的 input1，而且原所有者选取的函数 f_a' 与标签选取的函数 f_a 是同一个函数，即原所有者和标签选取了同样的函数。因此标签选取出的函数 f_b' 与原所有者选取的函数 f_b 是相同的，而且在选取过程中所产生的 input2′的值也和原所有者所产生的 input2 的值相同。

标签使用自己存储的 $k_{A\text{-}u}$ 和选取的函数 f_b' 计算 $f_b'(OTC, r_1, r_2, k_{A\text{-}u})$，若计算结果与收到的 $f_b(OTC, r_1, r_2, k_{A\text{-}u})$ 不相同，则认证失败，协议终止；否则，通过对原所有者的认证，并且认为原所有者要将所有权转交给其他实体，将 flag 设置为 1。

标签从轻量级函数集 F 中选择与 f_a 和 f_b' 不同的函数 f_c，设选取 f_c 时所用的 input 值为 input3。第三次函数选取过程开始。标签将 input2′的值向左循环移位 1 bit 作为 input3-temp1，根据 input3-temp1 和函数选取规则从轻量级函数集 F 中进行函数选取。若所选取的函数与 f_a 或 f_b' 一样，则将 input3-temp1 的值向左循环移位 1 bit 作为 input3-temp2，根据 input3-temp2 和函数选取规则从轻量级函数集 F 中进行选取，直至选取了与 f_a 和 f_b' 不同的函数 f_c。此时的 input 的值即为 input3；若 input2′的值向左循环移位一圈后仍然无法选取不同的函数 f_c，则标签选取 f_b' 在轻量级函数集中的下一个函数为 f_c，此时 input3 的值等于 input2′向左循环移位 1 bit。至此，第三次函数选取过程结束。

选取合适的轻量级函数 f_c 后，标签计算 $f_c(OTC, flag, r_1, r_2, k_{A\text{-}u})$，并发送 $\{r_1, r_2, OTC, flag, f_c(OTC, flag, r_1, r_2, k_{A\text{-}u})\}$ 给原所有者。

⑤ 原所有者收到标签发来的消息 $\{r_1, r_2, OTC, flag, f_c(OTC, flag, r_1, r_2, k_{A\text{-}u})\}$ 后，根据 input2 的值，采用和标签同样的方法从轻量级函数集 F 中选择与函数 f_a' 和 f_b 均不同的函数 f_c'，即再次执行第三次函数选取过程。将 input2 向左循环移位作为 input3′，根据 input3′的值从轻量级函数集 F 中选择与函数 f_a'、f_b 均不同的函数 f_c'。

由于标签已经通过了对原所有者的认证，表明原所有者和标签拥有同样的 input2，因此原所有者选取出的函数 f_c' 与标签选取的函数 f_c 是相同的，而且原所有者在选取过程中所产生的 input3′ 的值也和标签所产生的 input3 的值相同。

原所有者使用自己存储的 $k_{A\text{-}u}$ 和选取的函数 f_c' 计算 $f_c'(\text{OTC}, \text{flag}, r_1, r_2, k_{A\text{-}u})$，并检查该计算结果与收到的 $f_c(\text{OTC}, \text{flag}, r_1, r_2, k_{A\text{-}u})$ 是否相等。若不相等，则协议终止；若相等，则认为标签已经将 flag 的值设置为 1，可以进行所有权转换，原所有者将密钥 $k_{OT\text{-}v}$ 和 $k_{FS\text{-}w}$ 通过安全信道发送给新所有者。

⑥ 新所有者收到密钥 $k_{OT\text{-}v}$ 和 $k_{FS\text{-}w}$ 后，在原所有者的通信范围之外与标签进行通信，发送 $\{r_3, ID_{NO}, \text{OOR}\}$ 给标签。其中，r_3 为新所有者生成的随机数，OOR 为所有权获取请求（Ownership Obtain Request）。

⑦ 标签收到新所有者的请求后，检查自己存储的 flag 的值。若为 0，则发送所有权获取失败消息（Ownership Obtain Failure，OOF）给新所有者；若为 1，则生成随机数 r_4。第四次函数选取过程开始。计算 $r_3 \oplus r_4 \oplus k_{OT\text{-}v} \oplus k_{FS\text{-}w}$ 作为 input4，根据 input4 的值从轻量级函数集 F 中选取函数，设为 f_d。至此，第四次函数选取过程结束。选取轻量级函数 f_d 后，标签计算 $f_d(r_3, r_4, ID_{NO}, k_{OT\text{-}v})$，并发送 $\{r_3, r_4, ID_{NO}, f_d(r_3, r_4, ID_{NO}, k_{OT\text{-}v})\}$ 给新所有者。

之所以要检查标志位 flag 的值，是为了防止攻击者假冒标签所有者要求进行所有权转换，并且要阻止新所有者在获取了标签所有权之后再次试图获取标签的所有权。

⑧ 新所有者若收到 OOF 消息，意味着 flag 的值为 0，不允许进行所有权转换。新所有者需要检查是否此前已经与标签进行过所有权转换过程，并使用更新后的认证密钥、所有权转换密钥和函数选取密

钥与标签进行通信。因为新所有者可能并未意识到自己已经获取了该标签的所有权，仍然试图再次获取标签的所有权。如果新所有者此前并未与标签进行所有权转换过程，则通知原所有者，标签中的 flag 值没有设置为 1，无法进行所有权转换，需要原所有者将 flag 的值设置为 1。

新所有者收到$\{r_3, r_4, ID_{NO}, f_d(r_3, r_4, ID_{NO}, k_{OT\text{-}v})\}$后，用自己存储的 $k_{OT\text{-}v}$ 和 $k_{FS\text{-}w}$ 计算 input4′$=r_3 \oplus r_4 \oplus k_{OT\text{-}v} \oplus k_{FS\text{-}w}$，根据 input4′的值从轻量级函数集 F 中选取函数 f_d'，即执行和第四次函数选取过程相同的选取过程。计算出 $f_d'(r_3, r_4, ID_{NO}, k_{OT\text{-}v})$，并与收到的 $f_d(r_3, r_4, ID_{NO}, k_{OT\text{-}v})$的值进行对比。若两者不相同，则认证失败，协议终止；若两者相同，说明新所有者计算出的 input4′和标签计算的 input4 是一样的，根据 input4′的值从轻量级函数集 F 中选取的函数 f_d'与标签选取的函数 f_d 是同一个函数，而且新所有者与标签有同样的所有权转换密钥 $k_{OT\text{-}v}$ 和函数选取密钥 $k_{FS\text{-}w}$，通过对标签的认证。

新所有者将 input4′的值向左循环移位从轻量级函数集 F 中选取函数参与计算，需要选取 4 个函数，分别为 f_e、f_f、f_g 和 f_i。这 4 个函数与函数 f_d'不同，且互不相同，设选取 f_e、f_f、f_g 和 f_i 时所用的 input 的值为 input5、input6、input7 和 input8。

第五次函数选取过程开始。新所有者将 input4′的值向左循环移位 1 bit，然后以该值为 input5-temp1 的值，根据 input5-temp1 的值和函数选取规则从轻量级函数集 F 中进行选取。若所选取的函数和 f_d 一样，则将 input5-temp1 的值向左循环移位 1 bit 作为 input5-temp2，再次进行选取，直至选取了不同的函数 f_e，此时的 input 的值即为 input5。若 input4′的值向左循环移位一圈后仍然无法选取不同的函数 f_e 进行计算，则新所有者选取 f_d'在轻量级函数集 F 中的

下一个函数为 f_e 进行计算，此时 input5 的值为 input4′向左循环移位 1 bit。至此，第五次函数选取过程结束。

第六次函数选取过程开始。新所有者将 input5 的值向左循环移位 1 bit，然后以该值为 input6-temp1 的值。根据 input6-temp1 的值和函数选取规则从轻量级函数集 F 中进行选取。若所选取的函数与 f_d 或 f_e 一样，则将 input6-temp1 的值向左循环移位 1 bit 作为 input6-temp2，根据 input6-temp2 的值和函数选取规则再次进行选取，直至选取了不同的函数 f_f，此时的 input 值即为 input6。若 input5 的值向左循环移位一圈后仍然无法选取不同的函数 f_f 进行计算，则新所有者选取 f_e 在轻量级函数集 F 中的下一个函数为 f_f 进行计算，此时 input6 的值为 input5 向左循环移位 1 bit。至此，第六次函数选取过程结束。

第七次函数选取过程开始。新所有者将 input6 的值向左循环移位 1 bit，然后以该值为 input7-temp1 的值，根据 input7-temp1 的值和函数选取规则从轻量级函数集 F 中进行选取。若所选取的函数和 f_d、f_e 或 f_f 一样，则将 input7-temp1 的值向左循环移位 1 bit 作为 input7-temp2，根据 input7-temp2 的值和函数选取规则再次进行选取，直至选取了与 f_d、f_e 和 f_f 均不同的函数 f_g 进行计算，此时的 input 的值即为 input7。若 input6 的值向左循环移位一圈后仍然无法选取不同的函数 f_g 进行计算，则新所有者选取 f_f 在轻量级函数集 F 中的下一个函数为 f_g 进行计算，此时 input7 的值为 input6 向左循环移位 1 bit。至此，第七次函数选取过程结束。

第八次函数选取过程开始。新所有者将 input7 的值向左循环移位 1 bit，然后以该值为 input8-temp1 的值，根据 input8-temp1 的值和函数选取规则从轻量级函数集中进行选取。若所选取的函数与

f_d、f_e、f_f或f_g一样，则将 input8-temp1 的值向左循环移位 1 bit 作为 input8-temp2，根据 input8-temp2 的值和函数选取规则再次进行选取，直至选取了与函数f_d、f_e、f_f或f_g均不同的函数f_l进行计算，此时的 input 的值即为 input8；若 input7 值向左循环移位一圈后仍然无法选取不同的函数f_l进行计算，则新所有者选取f_g在轻量级函数集 F 中的下一个函数为f_l进行计算，此时 input8 的值为 input7 向左循环移位 1 bit。至此，第八次函数选取过程结束。

新所有者生成新密钥 $k_{A\text{-}(u+1)}$、$k_{OT\text{-}(v+1)}$和 $k_{FS\text{-}(w+1)}$，这 3 个密钥值与新所有者拥有的其他密钥值不同，即其在新所有者的数据库中具有唯一性。新所有者计算并发送{OOR, r_3, r_4, $f_e(r_3, r_4, k_{OT\text{-}v})\oplus k_{A\text{-}(u+1)}$, $f_f(r_3, r_4, k_{OT\text{-}v}, k_{A\text{-}(u+1)})\oplus k_{OT\text{-}(v+1)}$, $f_g(r_3, r_4, k_{OT\text{-}v}, k_{A\text{-}(u+1)}, k_{OT\text{-}(v+1)})\oplus k_{FS\text{-}(w+1)}$, $f_l(\text{OOR}, r_3, r_4, ID_{NO}, k_{OT\text{-}v}, k_{A\text{-}(u+1)}, k_{OT\text{-}(v+1)}, k_{FS\text{-}(w+1)})$}给标签。

⑨ 标签收到新所有者发来的消息后，将 input4 的值向左循环移位，采用和新所有者同样的方法从轻量级函数集 F 中选取函数f_e'、f_f'、f_g'和 f_l'，即依次再次执行第五次函数选取过程、第六次函数选取过程、第七次函数选取过程和第八次函数选取过程。选取函数f_e'、f_f'、f_g'和f_l'时使用的 input 值分别为 input5′、input6′、input7′和 input8′。

由于新所有者已经通过了对标签的认证，表明新所有者和标签拥有同样的 input4，选取的函数f_d'与标签选取的函数f_d是同一个函数，因此标签选取出的函数f_e'、f_f'、f_g'和 f_l'与新所有者选取的函数f_e、f_f、f_g和f_l是相同的，而且在选取过程中所产生的 input5′、input6′、input7′和 input8′的值也和新所有者所产生的 input5、input6、input7

和 input8 的值相同。

标签用自己存储的 $k_{OT\text{-}v}$ 计算出 $f_e'(r_3, r_4, k_{OT\text{-}v})$，用该值代替 $f_e(r_3, r_4, k_{OT\text{-}v})$，根据收到的 $f_e(r_3, r_4, k_{OT\text{-}v})\oplus k_{A\text{-}(u+1)}$ 计算出 $k'_{A\text{-}(u+1)}$。

用计算出的 $k'_{A\text{-}(u+1)}$ 代替 $k_{A\text{-}(u+1)}$，并用自己存储的 $k_{OT\text{-}v}$ 计算出 $f_f'(r_3, r_4, k_{OT\text{-}v}, k_{A\text{-}(u+1)})$，用该值代替 $f_f(r_3, r_4, k_{OT\text{-}v}, k_{A\text{-}(u+1)})$，根据收到的 $f_f(r_3, r_4, k_{OT\text{-}v}, k_{A\text{-}(u+1)}) \oplus k_{OT\text{-}(v+1)}$ 计算出 $k'_{OT\text{-}(v+1)}$。

用计算出的 $k'_{A\text{-}(u+1)}$ 代替 $k_{A\text{-}(u+1)}$，用计算出的 $k'_{OT\text{-}(v+1)}$ 代替 $k_{OT\text{-}(v+1)}$，并用自己存储的 $k_{OT\text{-}v}$ 计算出 $f_g'(r_3, r_4, k_{OT\text{-}v}, k_{A\text{-}(u+1)}, k_{OT\text{-}(v+1)})$，用该值代替 $f_g(r_3, r_4, k_{OT\text{-}v}, k_{A\text{-}(u+1)}, k_{OT\text{-}(v+1)})$，根据收到的 $f_g(r_3, r_4, k_{OT\text{-}v}, k_{A\text{-}(u+1)}, k_{OT\text{-}(v+1)}) \oplus k_{FS\text{-}(w+1)}$ 计算出 $k'_{FS\text{-}(w+1)}$。

标签用自己存储的 $k_{OT\text{-}v}$ 和计算出的 $k'_{A\text{-}(u+1)}$、$k'_{OT\text{-}(v+1)}$、$k'_{FS\text{-}(w+1)}$ 计算 $f_l'(\text{OOR}, r_3, r_4, \text{ID}_{NO}, k_{OT\text{-}v}, k'_{A\text{-}(u+1)}, k'_{OT\text{-}(v+1)}, k'_{FS\text{-}(w+1)})$。将该计算结果与收到的 $f_l(\text{OOR}, r_3, r_4, \text{ID}_{NO}, k_{OT\text{-}v}, k_{A\text{-}(u+1)}, k_{OT\text{-}(v+1)}, k_{FS\text{-}(w+1)})$ 进行对比，以检查计算出的新密钥 $k'_{A\text{-}(u+1)}$、$k'_{OT\text{-}(v+1)}$ 和 $k'_{FS\text{-}(w+1)}$ 是否正确。若两者不相同，则协议终止；若两者相同，则说明计算出的新密钥是正确的，标签存储的 $k_{OT\text{-}v}$ 和新所有者存储的 $k_{OT\text{-}v}$ 是相同的，标签计算出的 $k'_{A\text{-}(u+1)}$、$k'_{OT\text{-}(v+1)}$ 和 $k'_{FS\text{-}(w+1)}$ 的值分别与新所有者生成的 $k_{A\text{-}(u+1)}$、$k_{OT\text{-}(v+1)}$ 和 $k_{FS\text{-}(w+1)}$ 的值相等。标签通过对新所有者的认证，存储 $k_{A\text{-}(u+1)}$、$k_{OT\text{-}(v+1)}$、$k_{FS\text{-}(w+1)}$ 和 ID_{NO}，将 ID_{NO} 作为当前所有者的身份标识。

标签根据 input8′的值从轻量级函数集 F 中选择与函数 f_d、f_e、f_f、f_g 和 f_l 均不同的函数 f_o，设选取 f_o 时所用的 input 的值为 input9。第九次函数选取过程开始。标签将 input8′的值向左循环移位 1 bit 作为 input9-temp1，根据 input9-temp1 和函数选取规则从轻量级函数

集 F 中进行函数选取。若所选取的函数仍然和此前所用的函数一样，则将 input9-temp1 的值向左循环移位 1 bit 作为 input9-temp2，根据 input9-temp2 的值和函数选取规则再次进行选取，直至选取了不同的函数 f_o 进行计算，此时的 input 的值即为 input9。若 input8′ 值向左循环移位一圈后仍然无法选取不同的函数 f_o 进行计算，则原所有者选取 f_l 在轻量级函数集 F 中的下一个函数为 f_o 进行计算，此时 input9 的值为 input8′ 向左循环移位 1 bit。至此，第九次函数选取过程结束。

选取出轻量级函数 f_o 后，标签计算 $f_o(r_3, r_4, \mathrm{ID}_{\mathrm{NO}}, k_{\mathrm{A}\text{-}(u+1)}, k_{\mathrm{OT}\text{-}(v+1)}, k_{\mathrm{FS}\text{-}(w+1)})$，发送 $\{r_3, r_4, \mathrm{ID}_{\mathrm{NO}}, f_o(r_3, r_4, \mathrm{ID}_{\mathrm{NO}}, k_{\mathrm{A}\text{-}(u+1)}, k_{\mathrm{OT}\text{-}(v+1)}, k_{\mathrm{FS}\text{-}(w+1)})\}$ 给新所有者，并将 flag 设置为 0。

⑩ 若新所有者长时间没有收到标签发来的确认消息，则返回步骤⑥重新执行协议。

若新所有者收到标签发来的消息，新所有者将 input8 的值向左循环移位从轻量级函数集 F 中选择与函数 f_d、f_e、f_f、f_g 和 f_l 均不同的函数选取函数 f_o'，选取方法与标签选取函数 f_o 的方法相同，即再次执行第九次函数选取过程。

由于标签已经通过了对新所有者的认证，并且获取了新所有者为其生成的新密钥，表明标签和新所有者拥有同样的 input8，因此新所有者选取出的函数 f_o' 与标签选取的函数 f_o 是相同的，而且在选取过程中所产生的 input9′ 的值也和标签所产生的 input9 的值相同。

新所有者使用自己存储的 $k_{\mathrm{A}\text{-}(u+1)}$、$k_{\mathrm{OT}\text{-}(v+1)}$、$k_{\mathrm{FS}\text{-}(w+1)}$ 和选取的函数 f_o' 计算 $f_o'(r_3, r_4, \mathrm{ID}_{\mathrm{NO}}, k_{\mathrm{A}\text{-}(u+1)}, k_{\mathrm{OT}\text{-}(v+1)}, k_{\mathrm{FS}\text{-}(w+1)})$，并与收到的 $f_o(r_3,$

r_4, ID_{NO}, $k_{A\text{-}(u+1)}$, $k_{OT\text{-}(v+1)}$, $k_{FS\text{-}(w+1)}$)比较，若不相同，则协议终止；若相同，则表明所有权转换过程已经完成，新所有者可以使用密钥 $k_{OT\text{-}(v+1)}$、$k_{A\text{-}(u+1)}$和 $k_{FS\text{-}(w+1)}$与标签进行通信。

5.4.3　协议特点

（1）更好的安全性

根据所有者与标签所使用的密钥和随机数等参数的不同，选择不同的安全函数进行所有权转换，由于密钥的保密性，攻击者无法判定所有者与标签所用的具体算法是什么，进而提高了所有权转换过程的安全性。即使攻击者监听了标签与所有者的全部通信，也难以提高破解出秘密值的概率。虽然轻量级函数集中每个函数的安全强度可能会有所不同，但由于标签和所有者在每次进行计算时所采用的函数都不相同，攻击者无法连续获取同一个函数的输出信息，其所监听到的标签与所有者每次的通信内容是经由不同函数计算后得到的输出，降低了破解出秘密值的概率。

（2）更少的标签计算时间消耗

在进行所有权转换时，通过在轻量级函数集中选择多种不同的函数，可以降低标签执行多次协议的平均计算耗时。虽然标签需要耗费一定的时间从轻量级函数集中选取函数，但该耗时和密码算法的耗时相比较小。因此，本节提出的协议中的标签可以具有更少的计算时间消耗。

（3）较好的可扩展性

本节介绍的协议使用了轻量级函数集，该函数集中的函数由标签生产者在标签生产时添加进标签内，用户也可以根据实际需要向该函数集中添加新的满足要求的函数。因此，本节所提出的协议具有较好的可扩展性。

5.5 本章小结

本章主要介绍了动态重载机制及其特点，采用轻量级候选函数集构建动态重载机制。轻量级候选函数集由多个满足一定要求的轻量级函数组成。动态重载机制根据每次调用时的输入不同，动态地从该集合中近乎随机地选择算法，以保证每次调用时选用的算法都不相同。

在此基础上，提出了基于轻量级函数集的 RFID 系统中的认证协议和标签所有权转换协议。这两个协议在每次调用动态重载机制时，都会从轻量级候选函数集中选择此次通信所要用的算法。通过选择不同的轻量级函数，提高了协议的安全性和敌手破解密钥的难度，降低了多次执行协议的平均耗时，提供了较好的可扩展性。

参 考 文 献

[1] 牟永敏，刘梦婷. 基于有限状态机的 C++重载唯一性确定[J]. 计算机应用研究, 2014, 4: 1059-1062.

[2] 张志海，张素琴，蒋维杜. C++函数重载机制及其实现[J]. 计算机学报, 1997, 1: 37-41.

[3] 甘勇，贺蕾，刘书如. 等. 基于轻量级函数集的 RFID 标签与后端数据库的认证方法[P]. 2017,7.

[4] 贺蕾，甘勇，李娜娜. 等. 基于轻量级函数集的 RFID 系统中标签所有权转换方法[P]. 2017.7.

第 6 章

RFID 标签所有权转换系统的设计与实现

前文已经介绍了标签所有权转换协议和基于动态重载的标签所有权转换协议，本章主要介绍 RFID 标签所有权转换系统的设计与实现。

6.1 系统概述

本系统包含原所有者、新所有者、标签和可信第三方。在初始化阶段，可信第三方、原所有者和新所有者中安装有数据库，负责存储密钥等数据。其中，可信第三方是一个服务器，每个标签在可信第三方中都存储有自己的 ID（主键，唯一值，不重复出现）、$k1$（不可为空，唯一值，不重复出现）、s（不可为空，唯一值，不重复出现）、$k2$（若没有，可以为空；若有，唯一值，不重复出现）。在本系统中，使用的秘密值见表 6-1 所列。

表 6-1　系统所含秘密值

名称	长度（bit）	说明
$s1$	128	可信第三方与原所有者共享密钥
$s2$	128	可信第三方与新所有者共享密钥
s	128	可信第三方与标签共享密钥
$k1$	128	原所有者与标签共享密钥
$k2$	128	新所有者与标签共享密钥

本系统中所用加/解密算法为 AES[1]，散列算法为 MD5[2]。

系统的工作流程包括以下几步。

① 原所有者将自己与标签共享的密钥发送给可信第三方。

② 可信第三方与标签进行认证通信，并生成新的共享密钥，

将其发送给标签。

③ 标签收到可信第三方发来的新共享密钥。

④ 可信第三方将新的共享密钥发送给标签的新所有者。

在标签的所有权转换过程中，实现了标签与可信第三方的认证，并协商出了新的共享密钥。标签与新所有者共享该密钥，而标签与原所有者的共享密钥失效。

6.2 系统协议流程

本系统所使用的协议具体流程如下。

① 原所有者用密钥 $s1$ 加密 $k1$，并将加密结果发送给可信第三方。

② 可信第三方用密钥 $s1$ 解密收到的消息，得到 $k1$ 以及对应的 s。可信第三方生成随机数 $r1$ 和所有权转换请求 req=“OTR”，即$\{req, r1\}$给标签（“OTR”表示 3 个大写字母“O”“T”“R”）。

③ 标签收到消息后，首先判断是否为所有权转换请求消息。若该消息中含有“OTR”，则为所有权转换请求消息。

- 若不是所有权转换请求消息，则不做响应。
- 若是，则生成随机数 $r2$，计算 $H(r1, r2, k1)$，发送$\{r1, r2, H(r1, r2, k1, s)\}$给可信第三方。其中，$H(r1, r2, k1, s)$表示 $r1$、$r2$、$k1$、s 串联后，求其散列值。

④ 可信第三方遍历自己数据库中存储的标签数据，分别计算 $H(r1, r2, k1, s)$，并逐一与收到的消息进行对比。

• 若不同，可信第三方发送用 $k1$ 加密后的“Tag is not found”给原所有者。

• 若相同，生成密钥 $k2$，计算 $H(r1, k1, r2, s) \oplus k2$，$H(r1, r2, k1, k2, s)$。发送{ $r1, r2, H(r1, k1, r2, s) \oplus k2, H(r1, r2, k1, k2, s)$}给标签。

⑤ 标签用自己存储的 $k1$ 和 s 计算 $H(r1, k1, r2, s)$，与收到的 $H(r1, k1, r2, s) \oplus k2$ 进行异或运算，得到 $k2$，然后计算 $H(r1, r2, k1, k2, s)$，与收到的进行对比。

• 若不相同，标签发送“failure”消息给可信第三方。

• 若相同，计算 $H(r1, k1, r2, k2, s)$，发送{$r1, r2, H(r1, k1, r2, k2, s)$}给可信第三方。

⑥ 可信第三方若收到“failure”消息，则重新执行协议。可信第三方若收到{$r1, r2, H(r1, k1, r2, k2, s)$}，遍历自己存储的 $k1$、$k2$ 和 s，分别计算 $H(r1, k1, r2, k2, s)$，将该计算结果与收到的 $H(r1, k1, r2, k2, s)$进行对比。

• 若不相等，则重新发送{ $r1, r2, H(r1, k1, r2, s) \oplus k2, H(r1, r2, k1, k2, s)$}给标签。

• 若相等，则用 $s2$ 加密 $k2$，并将加密结果发送给新所有者。

⑦ 新所有者收到可信第三方发来的消息后，用自己存储的 $s2$ 解密，得到 $k2$。

⑧ 新所有者用 $s2$ 加密（“sucess”, $k2$）发给可信第三方。

⑨ 可信第三方收到后用自己存储的 $s2$ 解密，若解密后得到的 $k2$ 与存储的 $k2$ 一致，则认为新所有者已经收到了 $k2$。可信第三方计算并发送{$r1, r2, H(\text{“suc”}, r1, r2, k2, s)$}给标签。

⑩ 标签收到后，用自己存储的 $k2$ 和 s 验证收到的消息是否正

确。若不正确，则协议终止；若正确，则计算并发送{$r1$, $r2$, H(“suc”, $k2$, s, $r1$, $r2$)}给可信第三方。

⑪ 可信第三方收到标签发来的消息后，用自己存储的 $k2$ 和 s 验证收到的消息是否正确。若不正确，则协议终止；若正确，则意味着标签已经拥有了正确的密钥 $k2$，所有权转换完成。

6.3 系统设计

本系统采用 CC2530 套件开发。CC2530 是集 MPU、内存和射频通信于一体，用于 2.4 GHz IEEE 802.15.4、ZigBee 和 RF4CE 应用的片上系统（System-on-a-Chip，SoC），它能够以低的成本建立健壮的网络节点[3]。

6.3.1 CC2530 芯片

CC2530 结合了具有业界标准的增强型 8051 MCU 的性能优异的射频收发器，系统内可编程闪存，8 KB RAM 和许多其他强大的功能。CC2530 有 4 种不同的闪存版本，分别是 CC2530F32/64/128/256，分别具有 32/64/128/256 KB 的闪存。CC2530 有各种操作模式，使其非常适合需要超低功耗的系统。不同工作模式之间的快速转换进一步确保了系统的低能耗。

1. CC2530 引脚

CC2530 引脚如图 6-1 所示。

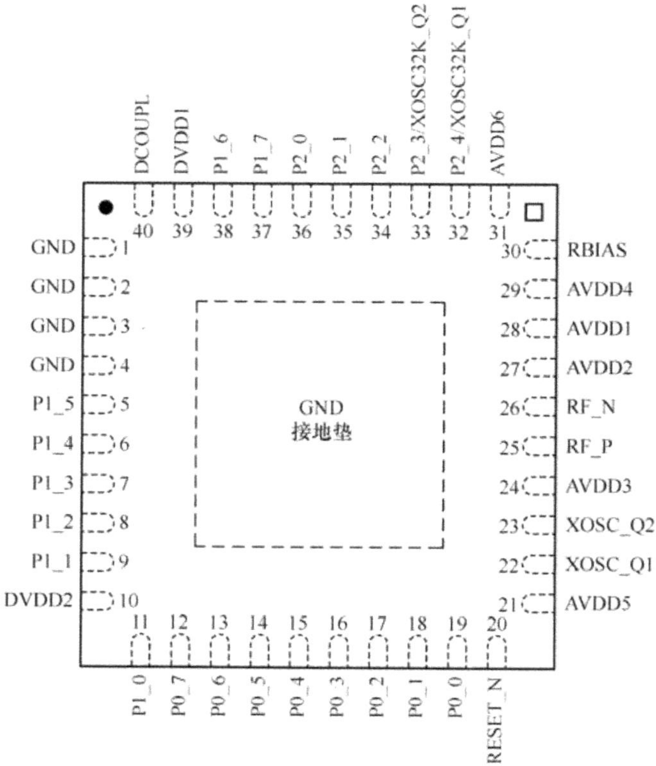

图 6-1　CC2530 引脚

CC2530 引脚的描述见表 6-2 所列。

表 6-2　**CC2530 引脚描述**

引脚名称	引脚	引脚类型	描述
AVDD1	28	电源（模拟）	2～3.6 V 模拟电源连接
AVDD2	27	电源（模拟）	2～3.6 V 模拟电源连接
AVDD3	24	电源（模拟）	2～3.6 V 模拟电源连接
AVDD4	29	电源（模拟）	2～3.6 V 模拟电源连接
AVDD5	21	电源（模拟）	2～3.6 V 模拟电源连接

续表

引脚名称	引脚	引脚类型	描述
AVDD6	31	电源（模拟）	2～3.6 V 模拟电源连接
DCOUPL	40	电源（数字）	1.8 V 数字电源去耦，不使用外部电路供应
DVDD1	39	电源（数字）	2～5 V 数字电源连接
DVDD2	10	电源（数字）	2～5 V 数字电源连接
GND	—	接地	接地衬垫必须连接到一个坚固的接地面
GND	1，2，3，4	未使用的引脚	连接到 GND
P0_0	19	数字 I/O	端口 0.0
P0_1	18	数字 I/O	端口 0.1
P0_2	17	数字 I/O	端口 0.2
P0_3	16	数字 I/O	端口 0.3
P0_4	15	数字 I/O	端口 0.4
P0_5	14	数字 I/O	端口 0.5
P0_6	13	数字 I/O	端口 0.6
P0_7	12	数字 I/O	端口 0.7
P1_0	11	数字 I/O	端口 1.0～20 mA 驱动能力
P1_1	9	数字 I/O	端口 1.1～20 mA 驱动能力
P1_2	8	数字 I/O	端口 1.2
P1_3	7	数字 I/O	端口 1.3
P1_4	6	数字 I/O	端口 1.4
P1_5	5	数字 I/O	端口 1.5
P1_6	38	数字 I/O	端口 1.6
P1_7	37	数字 I/O	端口 1.7
P2_0	36	数字 I/O	端口 2.0
P2_1	35	数字 I/O	端口 2.1
P2_2	34	数字 I/O	端口 2.2
P2_3	33	数字 I/O	模拟端口 2.3

续表

引脚名称	引脚	引脚类型	描述
P2_4	32	数字 I/O	模拟端口 2.4
RBIAS	30	模拟 I/O	参考电流的外部精密偏置电阻
RESET_N	20	数字输入	复位，活动低电平
RF_N	26	RF I/O	RX 期间负 RF 输入信号到 LNA，TX 期间负 RF 从 PA 输出信号
RF_P	25	RF I/O	RX 期间正 RF 输入信号到 LNA，TX 期间正 RF 从 PA 输出信号
XOSC_Q1	22	模拟 I/O	32 MHz 晶体振荡器引脚 1 或外部时钟输入
XOSC_Q2	23	模拟 I/O	32 MHz 晶体振荡器引脚 2

2. CC2530 特点

CC2530 的特点主要包括以下几个方面。

（1）RF/布局

- 适应 2.4 GHz IEEE 802.15.4 的 RF 收发器。
- 极高的接收灵敏度和抗干扰性能。
- 可编程的输出功率高达 4.5 dBm。
- 只需极少的外接元件。
- 只需一个晶振，即可满足异步网络的需要。
- 6 mm×6 mm 的 QFN40 封装。
- 系统配置符合世界范围的无线电频率法规。

（2）低功耗

- 主动模式 RX（CPU 空闲）：24 mA。
- 在 1 dBm 的主动模式 TX（CPU 空闲）：29 mA。
- 供电模式 1（4 μs 唤醒）：0.2 mA。
- 供电模式 2（睡眠定时器运行）：1 μA。

- 供电模式 3（外部中断）：0.4 μA。
- 宽电源电压范围（2～3.6 V）。

（3）微控制器

- 优良的性能和具有代码预取功能的低功耗 8051 微控制器内核。
- 32 KB、64 KB 或 128 KB 的系统内可编程闪存。
- 8 KB RAM，具备在各种供电方式下的数据保持能力。
- 支持硬件调试。

（4）外设

- 强大的 5 通道 DMA。
- 集成高性能运算放大器和超低功耗比较器。
- IEEE 802.5.4 MAC 定时器，通用定时器（一个 16 位定时器，两个 8 位定时器）。
- IR 发生电路。
- 具有捕获功能的 32 kHz 睡眠定时器。
- 硬件支持 CSMA/CA。
- 支持精确的数字化 RSSI/LQI。
- 电池监视器和温度传感器。
- 具有 8 路输入和可配置分辨率的 12 位 ADC。
- AES 安全协处理器。
- 2 个支持多种串行通信协议的强大 USART。
- 21 个通用 I/O 引脚（19 个 4 mA 的，2 个 20 mA 的）。
- 看门狗定时器。

3. CC2530 的电路模块

图 6-2 是 CC2530 的电路模块，图中模块大致可以分为 3 类：

CPU 和内存相关的模块，外设、时钟和电源管理相关的模块，以及射频通信相关的模块。

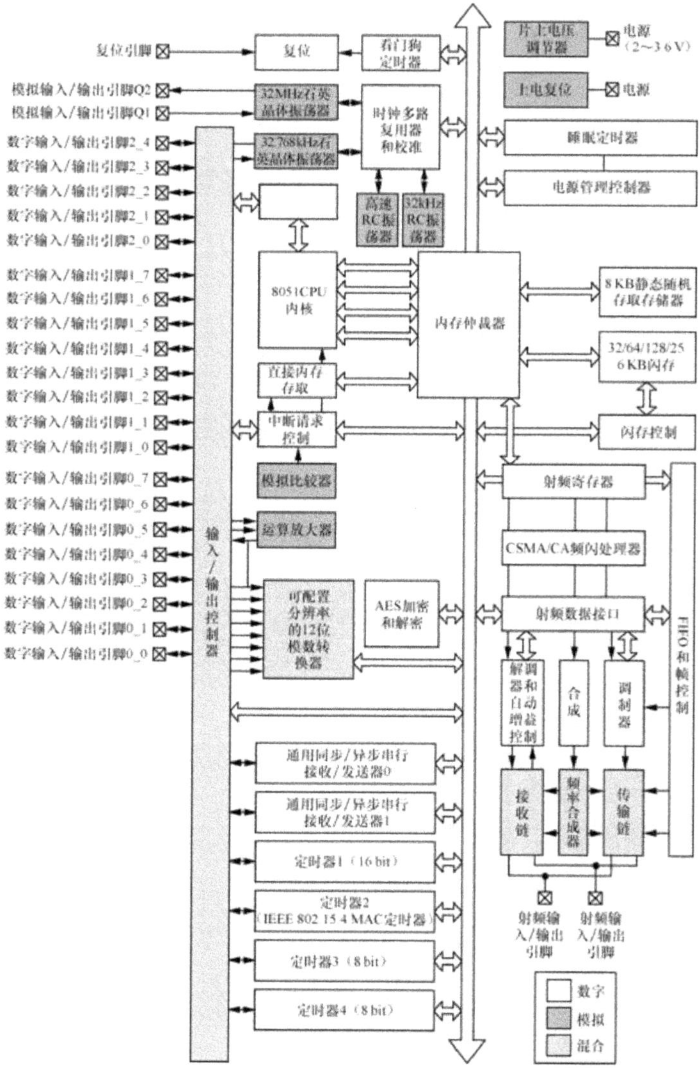

图 6-2　CC2530 电路模块

（1）CPU 和内存相关的模块

CC253x 芯片系列中使用的 8051 CPU 内核是一个单周期的 8051 兼容内核。它有 3 种具有单周期访问 SFR、DATA 和主 SRAM 的不同的内存访问总线（SFR、DATA 和 CODE/XDATA）。它还包括一个调试接口和一个 18 输入扩展中断单元。

中断控制器总共提供了 18 个中断源，分为 6 个中断组，每个与 4 个中断优先级之一相关。当设备从活动模式回到空闲模式，任一中断服务请求就被激发。一些中断还可以从睡眠模式（供电模式 1～3）唤醒设备。

内存仲裁器位于系统中心，它通过 SFR 总线把 CPU 和 DMA 控制器和物理存储器以及所有外设连接起来。内存仲裁器有 4 个内存访问点，每次访问可以映射到 3 个物理存储器（8 KB SRAM、闪存存储器和 XREG/SFR 寄存器）之一。它负责执行仲裁，并确定同时访问同一个物理存储器之间的顺序。

8 KB SRAM 映射到 DATA 存储空间和部分 XDATA 存储空间。8 KB SRAM 是一个超低功耗的 SRAM，即使数字部分掉电（供电模式 2 和供电模式 3）也能保留其内容。对于低功耗应用来说这是一个很重要的功能。

32/64/128/256 KB 闪存块为设备提供了电路内可编程的非易失性程序存储器，映射到 CODE 和 XDATA 存储空间。除了保存程序代码和常量以外，非易失性存储器允许应用程序保存必须保留的数据，这样设备重启之后可以使用这些数据。使用这个功能，可以利用已经保存的网络具体数据，就不需要经过完全的启动和网络的寻找和加入过程。

（2）时钟和电源管理模块

数字内核和外设由一个 1.8 V 低衰落稳压器供电。它提供了电源管理功能，可以实现使用不同供电模式和长寿命电池的低功耗运行。有 5 种不同的复位源来复位设备。

（3）外设模块

CC2530 包括许多不同的外设，允许应用程序设计者开发先进的应用。

调试接口执行一个专有的两线串行接口，用于电路内调试。通过这个调试接口，可以执行整个闪存存储器的擦除、控制使用哪个振荡器、停止和开始执行用户程序、执行 8051 内核提供的指令、设置代码断点，以及采用内核中指令的单步调试。使用这些技术，可以很好地执行电路内的调试和外部闪存的编程。

设备含有闪存存储器以存储程序代码。闪存存储器可通过用户软件和调试接口进行编程。闪存控制器处理写入和擦除嵌入式闪存存储器。闪存控制器允许页面擦除和 4 B 编程。

I/O 控制器负责所有通用 I/O 引脚。CPU 可以配置外设模块是否控制某些引脚或它们是否受软件控制，若是，则每个引脚配置为输入或输出，是否连接衬垫里的一个上拉或下拉电阻器。CPU 中断可以分别在每个引脚上激活。每个连接到 I/O 引脚的外设可以在两个不同的 I/O 引脚位置之间选择，以确保在不同应用程序中的灵活性。

系统中有一个多功能的五通道 DMA 控制器，使用 XDATA 存储空间访问存储器，因此能够访问所有物理存储器。每个通道（触发器、优先级、传输模式、寻址模式、源指针和目标指针以及传输计数器）用 DMA 描述符在存储器任何地方进行配置。许多硬件外设（AES 内核、闪存控制器、USART、定时器、ADC 接口）通过使用 DMA 控制器在 SFR 或 XREG 地址和闪存/SRAM 之间进行数据传输来获得高效率操作。

定时器 1 是一个 16 位定时器，具有定时器、计数器、PWM 功能。它有一个可编程的预分频器、一个 16 位周期值和 5 个独立可编程的计数器/捕获通道，每个都有一个 16 位比较值。每个计数器/捕获通道可以用作一个 PWM 输出或捕获输入信号边沿的时序。它还可以配置在 IR 生成模式，在该模式中它可以对计算定时器 3 的周期进行计数，输出是 ANDed，定时器 3 的输出用最小的 CPU 交互产生调制的消费型 IR 信号。

定时器 2（MAC 定时器）是专门为支持 IEEE 802.15.4 MAC 或软件中其他时槽协议的设计。定时器有一个可配置的定时器周期和一个 24 位溢出计数器，可以用于保持跟踪已经经过的周期数。一个 40 位捕获寄存器也用于记录收到/发送一个帧开始界定符的精确时间，或传输结束的精确时间，还有一个 16 位输出比较寄存器和两个 24 位溢出比较寄存器可以在具体时间发送不同的选通命令（开始 RX 和开始 TX 等）到无线模块。

定时器 3 和定时器 4 是 8 位定时器，具有定时器、计数器、PWM 功能。它们有一个可编程的预分频器、一个 8 位的周期值、一个具有一个 8 位的比较值的可编程计数器通道。每个计数器通道可以用作一个 PWM 输出。

睡眠定时器是一个超低功耗的定时器，对 32 kHz 晶体振荡器或 32 kHz RC 振荡器的周期进行计数。睡眠定时器在除了供电模式 3 以外的所有工作模式下不间断运行。这一定时器的典型应用是作为实时计数器，或作为一个唤醒定时器跳出供电模式 1 或模式 2。

ADC 在 30 kHz 到 4 kHz 的带宽下分别支持 7 到 12 位的分辨率。DC 和音频转换可以使用高达 8 个输入通道（端口 0）。输入可以选择作为单端或差分。参考电压可以是内部电压、AVDD 或是一个单端或差分外部信号。ADC 还有一个温度传感输入通道。ADC 可以自动执行定期抽样或转换通道序列的程序。

运算放大器旨在为 ADC 提供前端缓冲和增益。两个输入以及输出在引脚上都可用，因此反馈网络是完全可定制的。斩波稳定模式可用于需要高精度、高增益的应用。

超低功耗模拟比较器使应用可以基于模拟信号从 PM2 或 PM3 中唤醒。两个输入被引出到引脚，参考电压必须从外部提供。比较器输出连接到 I/O 控制器中断检测器，并可由 MCU 作为常规 I/O 引脚中断进行处理。

随机数发生器使用一个 16 位 LFSR 来产生伪随机数，该随机数可以被 CPU 读取或由选通命令处理器直接使用。它可以从射频 ADC 中的噪音生成随机数。

AES 加密/解密内核允许用户使用带有 128 位密钥的 AES 算法加密和解密数据。这一内核能够支持 IEEE 802.15.4 MAC 安全、ZigBee 网络层和应用层要求的 AES 操作。

一个内置的看门狗定时器允许 CC2530 在固件挂起的情况下复

位自身。看门狗定时器被软件调用时，必须被定期清除；否则，看门狗定时器超时就会复位设备，或者它可以被配置用作一个通用 32 kHz 定时器。

USART 0 和 USART 1 被配置为一个主/从 SPI 或一个 UART。它们为 RX 和 TX 提供了双缓冲以及硬件流控制，因此非常适合高吞吐量的全双工应用。每个都有自己的高精度波特率发生器，因此可以使普通定时器空闲出来用作其他用途。

（4）射频通信模块

CC2530 具有一个 IEEE 802.15.4 兼容无线收发器。RF 内核控制模拟无线模块。另外，它为 MCU 和无线设备之间提供了一个接口，这使得它可以发出命令、读取状态、自动操作和确定无线事件的顺序。无线设备还包括一个数据分组过滤和地址识别模块。

6.3.2　系统功能设计

在实现本系统的过程中，将其分为上位机和下位机。其中，上位机编程需要实现原所有者、新所有者和可信第三方的功能，主要包括以下功能。

- 原所有者与可信第三方之间的保密通信。
- 新所有者与可信第三方之间的保密通信。

下位机编程主要实现标签的功能，包括标签与可信第三方之间的认证和密钥协商。

6.4 系统实现

在实现 RFID 标签所有权转换系统时，将其分为上位机编程实现和下位机编程实现两部分。

6.4.1 上位机编程实现

在进行上位机编程实现时，所用的编程语言是 C#，开发环境是 Microsoft Visual Studio。在上位机中，需要实现的功能主要包括加/解密通信和认证及密钥协商。因此，本节先介绍加/解密所用的类和认证及密钥协商所用的类，然后介绍可信第三方、原所有者和新所有者的上位机实现。

1. 加/解密所用类

在上位机编程实现过程中，原所有者与可信第三方之间的保密通信与原所有者及新所有者之间的保密通信都使用 AES 算法进行加密保护。在 C#中，有一个 Aes 类，构造函数为 Aes()，该类中包含的属性、方法和字段分别见表 6-3、表 6-4 和表 6-5[4]。

表 6-3　　Aes 类中的属性

名称	说明
BlockSize	获取或设置加密操作的块大小（以位为单位）
FeedbackSize	获取或设置加密操作的反馈大小（以位为单位）
IV	获取或设置对称算法的初始化向量

续表

名称	说明
Key	获取或设置对称算法的密钥
KeySize	获取或设置对称算法所用密钥的大小（以位为单位）
LegalBlockSizes	获取对称算法支持的块大小（以位为单位）
LegalKeySizes	获取对称算法支持的密钥大小（以位为单位）
Mode	获取或设置对称算法的运算模式
Padding	获取或设置对称算法中使用的填充模式

表 6-4　Aes 类中的方法

名称	说明
Clear()	释放 SymmetricAlgorithm 类使用的所有资源
Create()	创建用于执行对称算法的加密对象
Create(String)	创建一个加密对象，它指定用于执行对称算法所用的 AES 的实现
CreateDecryptor()	用当前的 Key 属性和初始化向量创建对称解密器对象
CreateDecryptor (Byte[], Byte[])	当在派生类中重写时，用指定的 Key 属性和初始化向量创建对称解密器对象
CreateEncryptor()	用当前的 Key 属性和初始化向量创建对称加密器对象
CreateEncryptor (Byte[], Byte[])	当在派生类中重写时，用指定的 Key 属性和初始化向量创建对称加密器对象
Dispose()	释放 SymmetricAlgorithm 类的当前实例所使用的所有资源
Dispose(Boolean)	释放由 SymmetricAlgorithm 占用的非托管资源，还可以另外再释放托管资源
Equals(Object)	确定指定的对象是否等于当前对象
Finalize()	在垃圾回收将某一对象回收前允许该对象尝试释放资源并执行其他清理操作
GenerateIV()	当在派生类中重写时，生成用于该算法的随机初始化向量
GenerateKey()	当在派生类中重写时，生成用于该算法的随机密钥（Key）

续表

名称	说明
GetHashCode()	作为默认散列函数
GetType()	获取当前实例的 Type
MemberwiseClone()	创建当前 Object 的浅表副本
ToString()	返回表示当前对象的字符串
ValidKeySize(Int32)	确定指定的密钥大小对当前算法是否有效

表 6-5　　Aes 类中的字段

名称	说明
BlockSizeValue	表示加密操作的块大小
FeedbackSizeValue	表示加密操作的反馈大小
IVValue	表示对称算法的初始化向量（IV）
KeySizeValue	表示对称算法使用的密钥的大小
KeyValue	表示对称算法的密钥
LegalBlockSizesValue	指定对称算法支持的块大小
LegalKeySizesValue	指定对称算法支持的密钥大小
ModeValue	表示对称算法中使用的密码模式
PaddingValue	表示对称算法中使用的填充模式

2. 认证和密钥协商所用类

在上位机编程实现过程中，标签与所有者之间的认证和密钥协商使用 MD5 算法进行保护。在 C#中，有一个 MD5 类，构造函数为 MD5()，该类中包含的属性、方法和字段分别见表 6-6、表 6-7 和表 6-8[5]。

表 6-6　　MD5 类中的属性

名称	说明
CanReuseTransform	获取一个值，该值指示是否可重复使用当前转换
CanTransformMultiple Blocks	当在派生类中重写时，获取一个值，该值指示是否可以转换多个块
Hash	获取计算所得的散列代码的值
HashSize	获取计算所得的散列代码的大小（以位为单位）
InputBlockSize	当在派生类中重写时，获取输入块的大小
OutputBlockSize	当在派生类中重写时，获取输出块的大小

表 6-7　　MD5 类中的方法

名称	说明
Clear()	释放 HashAlgorithm 类使用的所有资源
ComputeHash(Byte[])	计算指定字节数组的散列值
ComputeHash(Byte[], Int32，Int32)	计算指定字节数组的指定区域的散列值
ComputeHash(Stream)	计算指定 Stream 对象的散列值
Create()	创建一个实例的默认实现 MD5 散列算法
Create(String)	创建一个实例的指定实现的 MD5 散列算法
Dispose()	释放 HashAlgorithm 类的当前实例所使用的所有资源
Dispose(Boolean)	释放由 HashAlgorithm 占用的非托管资源，还可以另外再释放托管资源
Equals(Object)	确定指定的对象是否等于当前对象
Finalize()	在垃圾回收将某一对象回收前允许该对象尝试释放资源并执行其他清理操作
GetHashCode()	作为默认散列函数
GetType()	获取当前实例的 Type
HashCore(Byte[], Int32，Int32)	当在派生类中重写时，将写入对象的数据路由到散列算法以计算散列值

续表

名称	说明
HashFinal()	当在派生类中重写时，在加密流对象处理完最后的数据后完成散列计算
Initialize()	初始化 HashAlgorithm 类的实现
MemberwiseClone()	创建当前 Object 的浅表副本
ToString()	返回表示当前对象的字符串
TransformBlock (Byte[], Int32, Int32, Byte[], Int32)	计算输入字节数组指定区域的散列值，并将输入字节数组指定区域复制到输出字节数组的指定区域
TransformFinalBlock (Byte[], Int32, Int32)	计算指定字节数组的指定区域的散列值

表 6-8　　MD5 类中的字段

名称	说明
HashSizeValue	表示计算所得的散列代码的大小
HashValue	表示计算所得的散列代码的值
State	表示散列计算的状态

3. 可信第三方上位机功能实现

可信第三方的上位机系统如图 6-3 所示，该系统实现了以下功能。

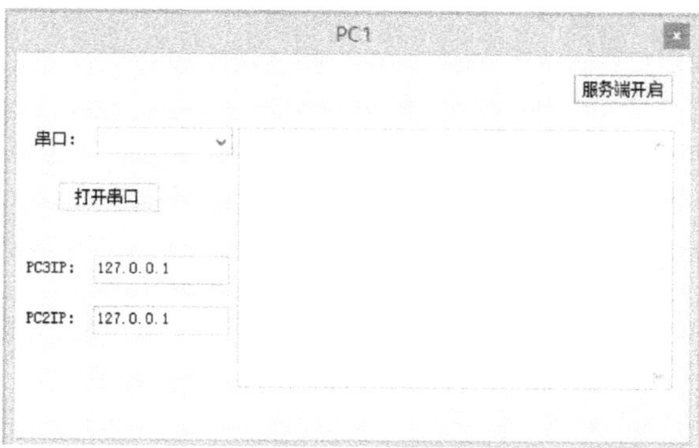

图 6-3　可信第三方上位机

- 开启服务器。
- 选择和打开串口。
- 显示发送和接收的数据。

在该上位机中，PC2 和 PC3 分别表示原所有者和新所有者。

4. 原所有者上位机功能实现

原所有者的上位机系统如图 6-4 所示，该系统实现了以下功能。

- 判断是否与可信第三方建立了连接。
- 将密钥信息加密后发送给可信第三方进行验证。

在该上位机中，PC1 和 PC2 分别表示可信第三方和原所有者。

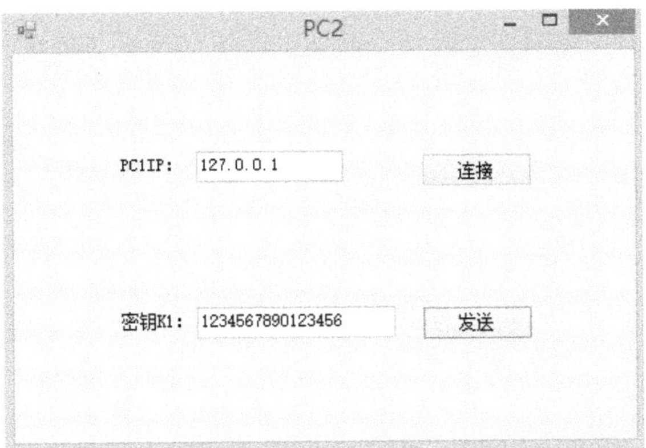

图 6-4　原所有者上位机

5. 新所有者上位机功能实现

新所有者的上位机系统如图 6-5 所示，该系统实现了以下功能。

- 与可信第三方建立连接。
- 显示发送和接收的数据。

在该上位机中，PC1 和 PC3 分别表示可信第三方和新所有者。

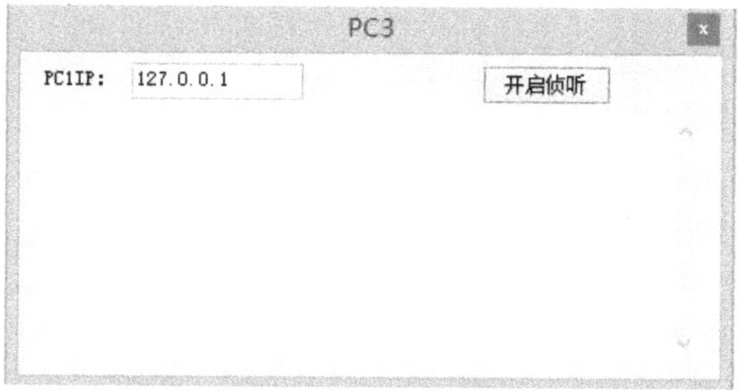

图 6-5　新所有者上位机

6.4.2　下位机编程实现

对下位机进行编程时，使用的编程语言是 C 语言，编程环境是 IAR Embedded Workbench。IAR Embedded Workbench 是一个非常有效的集成开发环境（IDE），它使用户能够充分有效地开发并管理嵌入式应用。

IAR Embedded Workbench 集成开发环境提供一个框架，任何可用的工具都可以嵌入其中，包括以下工具。

- 高度优化的 IAR AVR C/C++编译器。
- IAR 汇编器。
- 通用 IAR XLINK Linker。
- IAR XAR 库创建器。
- 功能强大的编辑器。
- 项目管理器。
- IAR C-SPY 调试器。

嵌入式 IAR Embedded Workbench 为用户提供一个易学易用的

开发环境，用户可以有效节省开发时间。

在编程实现标签与原所有者之间的认证和密钥协商以及标签与新所有者之间的认证和密钥协商时，都要用到 MD5 算法。MD5 算法为计算机安全领域广泛使用的一种散列函数，用以提供消息的完整性保护。在本系统中，MD5 算法主要用于标签与所有者和可信第三方之间的认证，以及共享密钥的协商。文献[2]中提供了 MD5 算法的源代码。

6.5 系统使用

要使用 RFID 标签所有权转换系统时，首先将读写器接入可信第三方的计算机 USB 端口，计算机将自动加载驱动程序，将标签放置在读写器的通信范围内。然后打开可信第三方的上位机软件，选用相应的 COM 口为通信端口。当有其他软件占用连接读卡器的串口时，系统会提示“串口连接失败！”，这时请关闭其他占用连接读写器串口的进程，保证系统正常通信。最后系统将会自动执行协议流程，并将执行结果显示在上位机系统中。

6.6 本章小结

本章主要介绍了 RFID 标签所有权转换系统的设计与实现，包括系统所采用的协议流程、标签所用芯片、系统功能和实现这些功能所用的算法、类和方法。本章重点介绍了下位机所采用的芯片 CC2530，以及上位机编程实现时所用的算法、类和方法。阅读本章的内容，可以帮助读者了解如何开发一个 RFID 标签所有权转换系统。

参 考 文 献

[1] FIPS 197. Advanced encryption standard(AES)[EB].

[2] RFC1321. The MD5 message-digest algorithm[EB].

[3] A true system-on-chip solution for 2.4-GHz IEEE 802.15.4 and ZigBee applications[EB].

[4] Aes 类[EB].

[5] MD5 类[EB].

中英对照表

英文缩写	英文释义	中文释义
ADC	Analog-to-Digital Converter	模/数转换器
AES	Advanced Encryption Standard	高级加密标准
CA	Certification Authority	认证机构
CPU	Central Processing Unit	中央处理单元
CRC	Cyclic Redundancy Check	循环冗余检验
CSMA/CA	Carrier Sense Multiple Access with Collision Avoidance	载波侦听多路访问/冲突避免
DES	Data Encryption Standard	数据加密标准
DoS	Denial of Service	拒绝服务
DSA	Digital Signature Algorithm	数字签名算法
DSS	Data Signature Standard	数字签名标准
EPC	Electronic Product Code	产品电子代码
I/O	Input/Output	输入/输出
IDE	Integrated Development Environment	集成开发环境
IDEA	International Data Encryption Algorithmic	国际数据加密算法
IEC	International Electrotechnical Commission	国际电工委员会
IEEE	Institute of Electrical and Electronics Engineers	电气和电子工程师协会
ISO	International Standardization Organization	国际标准化组织
LFSR	Linear Feed-back Shift Register	线性反馈移位寄存器
LNA	Low Noise Amplifier	低噪声放大器
LQI	Link Quality Indicator	链路质量指示
MCU	Microcontroller Unit	微控制单元
NO	New Owner	新所有者
OO	Old Owner	原所有者
OTC	Ownership Transfer Command	所有权转换命令

英文缩写	英文释义	中文释义
OTR	Ownership Transfer Request	所有权转换请求
PGP	Pretty Good Privacy	完美隐私
PKCS	Public Key Cryptography Standards	公钥密码标准
PRNG	Pseudo-Random Number Generator	伪随机数生成器
PUF	Physically Unclonable Function	物理防克隆函数
RAM	Random Access Memory	随机存取存储器
RFID	Radio Frequency Identification	无线射频识别
RO	Read Only	只读
ROM	Read Only Memory	只读存储器
RSSI	Received Signal Strength Indicator	接收的信号强度指示
SK	Session Key	会话密钥
SoC	System-on-a-Chip	片上系统
SRAM	Static Random Access Memory	静态随机存取存储器
USART	Universal Synchronous/Asynchronous Receiver/Transmitter	通用同步/异步串行接收/发送器
WORM	Write Once Read Many	一次写入多次读出

名词索引

www.ingramcontent.com/pod-product-compliance
Lightning Source LLC
LaVergne TN
LVHW022144071026
849580LV00015B/2251
9787115482839